W. Symanek (Hrsg.)

TRIBUTE

1,5 BILLONEN EURO

SIEGERBEUTE
TRIBUTZAHLUNGEN
BESATZUNGSKOSTEN
WIEDERGUTMACHUNGEN

1919 BIS HEUTE

Dieses Buch ist vor Drucklegung anwaltlich dahingehend geprüft worden, dass weder Inhalt noch Aufmachung irgendwelche BRD-Strafgesetze verletzen oder sozialethische Verwirrung unter Jugendlichen auslösen.

Telefon 0208-5941661 • Telefax 0208-5941669

info@vaws.de • www.vaws.de

Auflage 2022

ISBN-10: 3-927773-57-3

ISBN-13: 978-3-927773-57-8

Inhalt

Einleitung

Die Bundesregierungen habe es bis heute nicht geschafft, die Gesamtbelastung durch Reparationen sowie Wiedergutmachungen nach 1945 in einen Bericht zusammenzustellen. Deutschland erbringt allerdings bis heute Leistungen.

Dementsprechend gibt es auch keine Aufstellung, welch eine große Reparationsleistung Deutschland für beide Weltkriege erbracht hat.

Wir legen hiermit erstmalig eine umfangreiche Zusammenstellung vor, die sicherlich nicht den Anspruch auf Vollständigkeit erhebt, wir stießen bei unseren Arbeiten auf Geheimabkommen, Schenkungen und Waffenlieferungen bis heute. Dennoch ist es eine Zusammensstellung, in deren Umfang sie noch nie existiert hat.

Für die Reparationsleistungen nach dem Ersten Weltkrieg liegen zwei Ausarbeitungen zu Grunde:

a) Lujo Brentano, Was Deutschland gezahlt hat, Die bisherigen deutschen Leistungen auf Grund des Vertrages von Versailles, Verlag Walter de Gruyter, Berlin und Leipzig 1923

b) Dr. G. E. Heinecke, Schluss mit den Reparationen!, 2. Auflage, März 1932, Selbstverlag des Reichsverbandes der Deutschen Industrie, Berlin

Beide Autoren sind unbedenklich in Bezug auf nationalsozialistische Einflüsse.

Dr. Gunther Erfrid Heinecke war Minister in Preußen, Mitglied der SPD, Abgeordneter des Reichstags und der Nationalversammlung, seit 1920 Anwalt und Notar. 1933 Emigrierte er in die Schweiz.

Prof. Dr. Ludwig Joseph Brentano, genannt Lujo, war deutscher Nationalökonom. Brentano war Mitgründer des Vereins für Socialpolitik und trat für das Gewerkschaftswesen nach englischem Vorbild ein. Er starb 1931 in München.

Ein Problem bei der Zusammenstellung ist die Währungsumrechnung. Die Bundesbank teilte uns hierzu mit:

»... bezüglich der Umrechnung von auf Goldmark bzw. Reichsmark lautenden Beträgen gibt es - abhängig vom zugrundeliegenden Sachverhalt/Rechtsverhältnis - diverse währungsrechtliche Umstellungsregelungen, so dass uns eine allgemeine Auskunft über die (währungsrechtliche) Umrechnung des von Ihnen genannten Währungsbetrages nicht möglich ist.«

Speziell zur Goldmark:

»Vor 1924 bestimmten die Münzgesetze vom 09.07.1873 (Reichsgesetzblatt S. 233) und vom 01.06.1909 (Reichsgesetzblatt S. 507) die Mark als gesetzliches Zahlungsmittel in Deutschland. Eine auf „Goldmark" lautende Verbindlichkeit/Forderung war nicht auf die Zahlung einer Summe in einer „Goldmark"-Währung gerichtet; die Goldmark war zu keiner Zeit eine Währung oder ein gesetzliches Zahlungsmittel. Solche Verbindlichkeiten waren auch nicht auf die Leistung einer bestimmten Menge Goldes gerichtet. Vielmehr handelte es sich um den Gegenwert für eine bestimmte Menge feinen Goldes, zahlbar in den Geldzeichen der jeweils gültigen Währung. Als „Goldmark" galt gemeinhin der Gegenwert von 1/2790 kg feinen Goldes. Das für die „Goldmark" in Bezug genommene Maß feinen Goldes deckte sich mit der Goldparität der „Reichsmark" aus dem Jahre 1924 (vgl. § 3 des Münzgesetzes vom 30.08.1924, Reichsgesetzblatt II S. 254). Eine vertragliche „Goldmark"-Klausel stellte also im Ergebnis eine Wertsicherungsklausel durch Bezugnahme auf den Goldpreis dar.«

Da wir ähnliches bereits ermitteln konnten hatten wir speziell nach einem Kaufkraftvergleich angefragt, welcher dem Leser die geleisteten Reparationen in seinem Wert verdeutlicht.

»Hinsichtlich des von Ihnen erwähnten Kaufkraftvergleichs zwischen der Reichsmark und dem Euro verweisen wir auf die Erläuterungen und Materialien auf unserer Internetseite, die Sie über folgenden Link aufrufen können. Dort finden Sie u. a. auch

eine Tabelle über die „Kaufkraftäquivalente historischer Beträge in deutschen Währungen".«

Um letztendlich alle Leistungen auf einem »Nenner zu bringen«, haben wir die Beträge mit der Kaufkraftäquivalente umgerechnet. Erklärungen sind den jeweiligen Umrechnungen beigefügt.

Moralische Unhaltbarkeit und wirtschaftliche Unmöglichkeit

Über die moralische Unhaltbarkeit vieler Leistungen und über die wirtschaftliche Unmöglichkeit der Begleichungen gibt es umfangreiche Literatur. Für die moralische Unhaltbarkeit wäre grundsätzlich die Frage nach der jeweilen Kriegsschuld einem größerem Diskurs zu unterziehen, denn bis heute hält sich die jeweilige Kriegspropaganda der Siegermächte, dem die Verliererstaaten kaum zu widersprechen wagen. Wir haben bereits mit »Polens Marsch in den Zweiten Weltkrieg« und »Kriegsausbruch und Kriegsschuld, 1939« zwei Bücher zur Diskussion gestellt.

Letztendlich müssen wir uns die Frage erlauben, in wie weit wir 77 Jahre nach dem Zweiten Weltkrieg und unter Berücksichtigung der bisher erbrachten Leistungen - moralisch wie rechtlich - überhaupt noch Widergutmachungszahlungen leisten müssen oder sollen.

I. Allgemeine Grundsätze für die Berücksichtigung und Bewertung der Reparationsleistungen nach dem Ersten Weltkrieg

aus Lujo Brentano, Was hat Deutschland gezahlt? (1923):

»Die Abschätzung von Gütern ist ein außerordentlich schwieriges Problem. Schon über den Wert eines kleinen Landgutes weichen die Ansichten mehrerer Sachverständigen oft erheblich voneinander ab. Die Schwierigkeiten wachsen naturgemäß mit dem Umfang des Gutes. Es ist daher durchaus erklärlich, dass die Abschätzung der deutschen Reparationsleistungen, wohl der umfangreichsten und kompliziertesten Güterübertragung, die je von einem Volk an andere Völker bewerkstelligt ist, zu zahllosen Schwierigkeiten geführt hat, die noch keineswegs als überwunden gelten können.

Als Maßstab für die Bewertung der deutschen Leistungen ist der gemeine Wert zugrunde gelegt. Tatsächlich ist der Schaden, den die deutsche Wirtschaft durch die entschädigungslose Entziehung der abgelieferten Gegenstände erlitten hat, in vielen Fällen erheblich höher; denn ihr wird mit der Fortnahme des Gutes, wie z. B. der Handelsflotte, nicht nur der gemeine Wert dieses besonderen Gutes entzogen, es erleidet vielmehr darüber hinaus die gesamte deutsche Wirtschaft eine Werteinbuße dadurch, dass ihr nicht mehr die Dienste einer eigenen Handelsflotte zur Verfügung stehen. Bei der vorliegenden Aufstellung ist diese weitere Werteinbuße nicht berücksichtigt, sondern nur der gemeine Wert zugrunde gelegt.

Besonderes gilt für die Bewertung der abgetretenen Forderungen. Der angegebene Betrag (Nominalwert) stellt den Verlust dar, den Deutschland sowohl durch den Zusammenbruch der Verbündeten als auch durch die Abtretung erlitten hat. Der objektive Wert lässt sich nicht genau ermitteln; er ist zurzeit beispielsweise höher als am Zeitpunkt der Eintragung. Zweifellos wird ihr Einziehungswert stets erheblich niedriger sein als ihr Nominalwert. Im Folgenden ist aber der Nominalwert abgesehen davon, dass der Ein-

ziehungswert zurzeit beispielsweise überhaupt nicht feststellbar ist - deswegen eingesetzt worden, weil nur dieser den Ausgangspunkt für eine sachverständige Beurteilung darüber bilden kann, was Deutschland wirklich geleistet hat. In gleicher Weise wird übrigens von den Alliierten bezüglich der Regelung der interalliierten Schulden verfahren.

Ein anderer Umstand verdient noch hervorgehoben zu werden. Die Reparationskommission, die für die verschiedenen Ententestaaten die Reparationsleistungen von Deutschland empfängt und über diese Empfänge Buch führt, hat ihre Abrechnungen veröffentlicht. Diese Veröffentlichungen können nicht mit einer Aufstellung, wie sie hier gegeben wird, übereinstimmen. Die Reparationskommission kann nur die Reparations-Leistungen aufführen, d. h. die Leistungen, die Deutschland nach den Bestimmungen des Versailler Vertrags auf die Reparationsschuld anzurechnen sind. Von den Gesamtleistungen Deutschlands darf jedoch nur ein bestimmter Teil angerechnet werden. Für andere Leistungen ist dies durch besondere Vorschriften des genannten Vertrags ausdrücklich ausgeschlossen. Danach sind bestimmte Gegenstände, wie z. B. die Staatskabel, von Deutschland unentgeltlich zu leisten. Daraus, dass Deutschland für diese Kabel von der Reparationskommission keine Gutschrift erhält, wird aber niemand folgern, dass sie etwa wertlos gewesen seien und unter den Leistungen Deutschlands nicht aufgeführt werden dürften. Schon dadurch erklärt sich, dass die Liste der gesamten deutschen Leistungen weit über die Abrechnung der Reparationskommission hinausgehen muss.

Weiter ist für die Beurteilung der Aufstellungen der Reparationskommission noch zu berücksichtigen, dass auch die Lieferungen, die an sich nach den Bestimmungen des Versailler Vertrages Deutschland gutgeschrieben werden müssen, von der Reparationskommission teilweise noch nicht vollständig abgerechnet sind, so z. B. die Lieferungen von rollendem Eisenbahnmaterial auf Grund von Artikel 371 des Versailler Vertrags. Schließlich bestehen über die Bewertung von zahlreichen gelieferten Gegen-

ständen zwischen der Reparationskommission und der deutschen Regierung noch Meinungsverschiedenheiten.

Ohne die Abrechnung der Reparationskommission irgendwie in ihrer Bedeutung herabzusetzen, kann also gesagt werden, dass sie nur einen Teil der deutschen Leistungen, nämlich die eigentlichen Reparationsleistungen, enthalten kann. Der Vertrag von Versailles hat sich aber nicht darauf beschränkt, von Deutschland Lieferungen zur Abdeckung der Reparationsschuld zu verlangen. Es sind vielmehr Deutschland daneben zahlreiche andere Verpflichtungen auferlegt, z. B. die Verpflichtung zur Entschädigung aller durch besondere Kriegsmaßnahmen in Deutschland geschädigten Privatpersonen der Ententestaaten, die Verpflichtung zur Zahlung von deutschen Privatschulden in Gold, zur Zerstörung aller militärischen Anlagen, zur Abtretung der deutschen Staatskabel und anderem mehr. Alle diese Leistungen, die der deutschen Wirtschaft schwere Opfer auferlegen und dadurch reale Aufwendungen darstellen, können in der Liste der Reparationskommission keinen Platz finden. Sie deshalb in der vorliegenden Aufstellung auszulassen, wäre verfehlt, denn es ist offenbar, dass diese Leistungen in einer Gesamtliste der auf Grund des Vertrages von Versailles bewirkten Leistungen Deutschlands ebenso wenig fehlen dürfen wie die Barzahlungen und Sachleistungen auf Reparationskonto.

Die Berücksichtigung sämtlicher Leistungen in der folgenden Übersicht ist erforderlich, um ein objektives Gesamtbild der deutschen Leistungen zu geben.

Nur ein solcher Gesamtüberblick kann den von der Gegenseite immer wieder angezweifelten guten Willen Deutschlands zur Abtragung der ihm auferlegten Verpflichtungen, ferner die Kraftanstrengung, welche die deutsche Wirtschaft bei der Durchführung dieser Lieferungen hat leisten müssen, und die Schwächung, die als notwendige Folge dieser Leistungen eingetreten ist deutlich machen.«

II. Die einzelnen Leistungen nach dem I. Weltkrieg

Auszüge aus: Lujo Brentano, Was hat Deutschland gezahlt? (1923)
Überarbeitet und ergänzt von W. Symanek

A. Die Reparationsleistungen

d. h. die Leistungen, die Deutschland entsprechend den Bestimmungen des Versailler Vertrages auf das Reparationskonto gutzuschreiben sind.

a) Barzahlungen

1. Im August 1921 auf Grund des Londoner Zahlungsplanes gezahlte Devisen **1.001.613.715 M**

2. Devisenzahlungen
vom Januar bis Juli des Jahres 1922 auf Grund des Beschlusses von Cannes (13. Januar 1922) und des Moratoriums vom 21. März 1922 **368.036.002 M**

3. In Devisen eingelöste Schatzwechsel
zugunsten Belgiens gemäß der Note der Reparationskommission vom 31. August 1922 **254.030.719 M**

4. An das Garantiekomitee
vom 15. Oktober bis 31. Dezember 1921 abgeführte Papiermark - (Einnahme aus Zöllen und Ausfuhrabgaben), die später in Devisen umgewandelt sind **76.036.771 M**

5. Die im Rheinland
auf Grund besondererSanktionen in der Zeit vom März bis September 1921 erhobenen Zölle: 1.379.000.000 Papiermark, umgerechnet zum Kurs zurzeit, der Erhebung **75.999.936 M**

6. Verschiedene kleinere Gutschriften auf Barkonto für

a) die von Deutschland getragenen Kosten der von der Entente eingesetzten Übernahmestellen für

Sachleistungen	**3.230.660 M**
b) Zahlungen für den Reservefonds der Reparationskommission	**526.211 M**
c) den Saldo zugunsten Deutschlands aus der deutsch-französischen und deutsch-belgischen Postabrechnung	**476.717 M**
d) Verschiedenes	**65.725 M**

Zu a): Barzahlungen (1 bis 6) insgesamt	**1.780.016.456 M**

b) Sachleistungen

7. Kohlen und Koks
Bis 31. Dezember 1922 hat Deutschland insgesamt rund 54 Millionen Tonnen Kohle und Koks (Koks in Kohle im Verhältnis von 1 zu 1 1/3 umgerechnet) geliefert. Der Weltmarktpreis (englischer fob-Preis) dafür beträgt **2.424.400.000 M**

(Von der Reparationskommission gutgeschrieben erhält Deutschland nur den erheblich geringeren deutschen Inlandspreis. Die deutsche Wirtschaft erleidet aber durch diese Kühlenlieferungen einen tatsächlichen Verlust in Höhe des Weltmarktpreises. Deutschland muss ferner für die Ersatzkohle, die in beträchtlichem Umfange aus dem Ausland infolge des Kohlenmangels eingeführt werden muss, den Weltmarktpreis zahlen.)

8. Kohlennebenprodukte (Benzol, Teer, Ammoniak)
an Frankreich, Belgien und Italien (Weltmarktpreis) **43.000.000 M**

(Auch hierfür erhält Deutschland nur den geringeren Inlandspreis gutgeschrieben.)

9. Farbstoffe und pharmazeutische Produkte aller Art
Der Weltmarktpreis dieser aus den verschiedenartigsten Einzelposten zusammengesetzten hochwertigen

Lieferungen der deutschen chemischen Industrie wird
von Sachverständigen geschätzt auf rund **200.000.000 M**

(Zur Gutschrift wird infolge der besonderen Bestimmungen des Versailler Vertrages auch hierfür nur ein geringerer Betrag kommen.)

10. Vieh

Geliefert wurden: 101.310 Pferde,
174.758 Rinder, 231.589 Schafe, 21.441 Ziegen,
245.700 Stück Geflügel. Es handelt sich dabei um
ganz besonders wertvolles Vieh von hoher
Qualität, das in beträchtlichem Umfang aus
dem Ausland beschafft werden musste, da
der deutsche Viehbestand, besonders an Milch-
kühen, derartig hochwertige Tiere nicht in genügender
Zahl aufwies. Der angemessene Preis für dieses
Vieh beträgt **274.194.000 M**

(Die Reparationskommission beabsichtigt dagegen nur den herabgesetzten Vorzugspreis, zu den die belgische und französische Regierung dieses Vieh ihren Staatsangehörigen abließ, Deutschland gutzuschreiben.)

11. Landwirtschaftliche Maschinen aller Art **31.040.000 M**

12. Wiederaufbaulieferungen

Es handelt sich hierbei um die zahllosen Waren und Güter, die von den verschiedenen Ententestaaten zu Zwecken des Wiederaufbaus der zerstörten Gebiete und des Weiteren Ausbaus ihrer Industrie angefordert sind. Alle Güter im Einzelnen anzuführen ist nicht möglich; von Zeitungspapier, Glühbirnen und Zucker erstreckt sich ihre Liste über alle Gebiete industrieller Produktion bis zu vollständigen Walzwerken und Fabriken; hervorzuheben sind vor allem die Holzlieferungen.

a) Zum größten Teil erfolgten die Lieferungen von
der deutschen Regierung an die Empfängerstaaten
(sog. gebundener Verkehr). Der Wert dieser
Güter beläuft sich auf **283.300.000 M**

b) Daneben haben aber die Privatleute der Entente-staaten auf Grund der Cuntze-Bemelmans- und Ruppel-Gillet-Abkommen unmittelbar bei deutschen Produzenten einkaufen können. Diese Lieferungen im sogenannten freien Verkehr betragen **7.386.794 M**

13. Lieferungen von Büchern und Handschriften an die Bibliothek der Universität Löwen sowie von wertvollen Kunstgemälden an Belgien **13.758.585 M**

14. Schiffe

a) Seeschiffe. Deutschland hat nicht nur alle größeren Handelsschiffe, die sich bei Kriegsende in Deutschland befanden, abgeliefert, sondern auch noch umfangreiche Neubauten von Schiffen für die Ententestaaten ausgeführt. Daneben hat es ferner das Eigentum an den von den Entente-Staaten in ihrem Gebiet festgehaltenen Schiffen (sogenannten Embargoschiffen) auf Grund des Vertrags von Versailles aufgeben müssen. Schließlich hat es auf Grund der in der Scapa-Flow-Note angeordneten Sanktion erhebliche Mengen von Dock- und Hafenmaterial abgegeben. Diese Lieferungen betragen:

1. Abgelieferte Seeschiffe (einschließlich der Neubauten): 625 Schiffe mit 2.505.752 Bruttoregistertonnen im Werte von **3.326.479.353 M**

2. An die alliierten Staaten übereignete Embargoschiffe: 191 Schiffe mit 817.763 Bruttoregistertonnen im Werte von **1.245.250.000 M**

3. Schwimmdocks, Bagger, Kräne, Schlepper usw. rund 220.000 Tonnen im Werte von **72.474.000 M**

zusammen 4.644.203.353 M

(*Für diese Schiffslieferungen beansprucht Deutschland eine Gutschrift auf das Reparationskonto. Die Liste der Verluste von Handelsschiffen, die Deutschland durch den Vertrag von Versailles erleidet, ist damit aber noch nicht abgeschlossen. Es muss ferner berücksichtigt werden, dass von den*

Vereinigten Staaten 90 deutsche Schiffe mit 589.085 Bruttoregistertonnen im Werte von 1.250.700.000 Goldmark festgehalten werden. Die Bewertung der abgegebenen Schiffe ist in der Weise vorgenommen, dass für jedes einzelne Schiff der Friedenswert errechnet und dieser entsprechend der allgemeinen Wertsteigerung zur Zeit des Eigentumsüberganges (Goldentwertungsfaktor) erhöht ist.

Die Reparationskommission hat die deutschen Schiffe erheblich geringer eingeschätzt, obwohl sie bei der Rechnung, die sie Deutschland für versenkte ehemals feindliche Schiffe präsentierte, Bewertungen zuließ, die sogar über die Bewertung hinausgehen, die sie jetzt der deutschen Regierung für gleichwertige Schiffe zubilligen will; so hat allein England in seiner Kriegschädenrechnung für 7.745.654 Bruttoregistertonnen verlorene Dampfschiffe 527.889.000 Pfund Sterling - mehr als 10 1/2 Milliarden Goldmark eingesetzt.)

b) Binnenschiffe

1. In den ehemals besetzten Gebieten zurückgelassene Binnenschiffe **78.000.000 M**

2. Aus den deutschen Beständen abgelieferte Binnenschiffe und Hafenanlagen, bewertet nach den Preisen, die durch besondere von der Reparationskommission bestimmte Schiedsrichter festgestellt sind **31.237.715 M**

insgesamt 109.237.715 M

15. Eisenbahnmaterial

a) Eisenbahnmaterial ist von Deutschland schon vor dem Abschluss des Vertrags von Versailles auf Grund des Waffenstillstandsabkommens geliefert. Die aus deutschen Beständen stammenden Lieferungen werden deutscherseits bewertet mit **1.122.535.908 M**

(Über diese Bewertung schweben mit der Reparationskommission, welche diese Lieferungen vorläufig mit nur 829.266.050 Goldmark bewertet hat noch Verhandlungen.)

b) Ferner hat Deutschland gemäß Artikel 371 des Vertrags von Versailles Eisenbahnmaterial zur

Ausrüstung der Strecken in den von ihm abgetretenen Gebieten geliefert. Sein Wert beträgt **805.407.806 M**

(Von diesem Material - 80.538 Wagen und 2.955 Lokomotiven - hat die reparationskommission erst einen kleinen Teil - 5.663 Wagen und 2.387 Lokomotiven - verrechnet.)

16. Lastkraftwagen

Der Wert der auf Grund des Waffenstillstandsabkommens gelieferten 5.000 Lastkraftwagen beträgt **115.673.853 M**

(Die Reparationskommission beabsichtigt einen weit geringeren Wert gutzuschreiben mit der Begründung, die voll betriebsfähigen Lastkraftwagen mit Ausrüstung seien pro Stück nur 3.500 M wert gewesen.)

17. Von der Kommission verkauftes deutsches Kriegsmaterial (Schrotterlöse)

Das gemäß dem Vertrag von Versailles auszuliefernde Kriegsgerät ist von Deutschland zunächst unbrauchbar gemacht. Das unbrauchbar gemachte Material (hauptsächlich Schrott) ist der Reparationskommission ausgeliefert, die es weiterverkauft hat. Der Wert dieses Materials beträgt nach Schätzung von Sachverständigen **200.000.000 M**

(Nur dieser Wert des unbrauchbar gemachten Materials, nicht dagegen der volle Wert des Geräts in brauchbarem Zustande soll Deutschland von der Reparationskommission gutgeschrieben werden.)

18. Englische Reparationsabgabe

Von deutschen Waren, die nach England importiert werden, muss der englische Empfänger auf Grund des Reparation Recovery Acts vom April 1921 an den englischen Staat 26% des Kaufpreises abführen. Der deutsche Lieferant erhält den Gegenwert von der deutschen Regierung ausgezahlt. Das bedeutet, dass 26% der von Deutschland nach England exportierten Waren unentgeltlich als Reparationsleistung geliefert werden. Der Wert der unentgeltlich gelieferten Güter beträgt **163.160.182 M**

19. Nichtmilitärischer Rücklass an der Westfront
Nur die beweglichen Güter sind berücksichtigt.
Die einzelnen Güter anzuführen ist bei der großen Verschiedenheit der Posten hier nicht, möglich. Besonders erwähnt zu werden verdient das umfangreiche Verkehrs- und Eisenbahnmaterial. Der Wert ist nach dem Preise gleichen Materials zur Zeit der Abgabe ermittelt auf **1.891.150.387 M**

(Die Reparationskommission will nur den bei der Verwertung der Rücklage« tatsächlich erzielten Erlös gutschreiben. Dadurch würde Deutschland insbesondere auch für den Verlust haftbar gemacht, der durch Diebstahl, Verwahrlosung usw. an dem Rücklass nach Zurückziehung der deutschen Truppen eingetreten ist.)

20. Privatkabel
Die abgetretenen Privatkabel sind mit mindestens
77.800.000M
zu bewerten. Über die endgültige Anrechnung schweben Verhandlungen mit der Reparationskommission.

21 . Wertpapiere
Es handelt sich um

a) die abgetretenen Aktien der Marokkanischen Staatsbank im Werte von **642.671 M**

b) die auf Grund von Artikel 260 des Vertrags von Versailles abgetretenen Rechte und Beteiligungen deutscher Reichsangehöriger an allen öffentlichen Unternehmungen oder Konzessionen in Russland, China, Österreich, Ungarn, Bulgarien, der Türkei und deren Kolonien. Der Nominalwert der abgelieferten Papiere beträgt **392.000.000M**

insgesamt 392.642.671 M

22. Die Saargruben
Soweit die Kohlenlager ausgebeutet werden, ist ihr Wert auf Grund des Vorkriegsreingewinns bewertet. Die sehr ausgedehn-

ten Reservefelder sind mit den für unaufgeschlossene Kohle üblichen Werten von einigen Pfennigen je Tonne in Rechnung gestellt. Danach ergibt sich als Wert vom Juli 1914:

für die betriebenen Gruben rund **442.000.000 M**

für die Kohlenreservefelder rund **574.000.000 M**

insgesamt 1.016.000.000M

(Die durch die gesunkene Kaufkraft des Geldes bedingte Steigerung des allgemeinen Preisniveaus auf dem Weltmarkt, ist hierbei noch nicht berücksichtigt.)

Ferner sind hier anzuführen die von der deutschen Bergverwaltung abgetretenen Forderungen, die die französische Verwaltung für sich eingezogen hat, mit **1.126.890 M**

Der Gesamtbetrag für die Saargruben erhöht sich dadurch auf ***1.017.126.890 M***

23. Das abgetretene Reichs- und Staatseigentum

a) Die Anlagen des Reichs und des Preußischen Staates in den an Dänemark, Polen. Litauen (Memelgebiet), die Tschechoslowakei und den Freistaat Danzig abgetretenen Gebieten sind sehr vielfältig. Von besonderer Bedeutung sind die zahlreichen Grundstücke und Gebäude der Heeres- und Marineverwaltung (Kasernen, Flugplätze usw.), die gesamten Einrichtungen und Gebäude der Post- und Eisenbahnverwaltung, Gerichte und Gefängnisse, die umfangreichen Anlagen der inneren und der Finanzverwaltung, sowie die Kirchen und Schulen.

Ihr Wert bei vorsichtiger Einschätzung beträgt **4.960.915.293 M**

(Der wirkliche Gegenwert ist bedeutend höher, da die Steigerung des allgemeinen Preisniveaus auf dem Weltmarkt nicht berücksichtigt ist.

Die Reparationskommission hat über diese Abtretungen noch nicht vollständig abgerechnet; es fehlt z. B. noch das Memelgebiet und die abgetretenen Teile Überschlesiens. Die bisher von ihr veröffentlichten Zahlen können daher nicht, als endgültig angesehen werden.)

b) Dazu kommt noch der Wert der von Deutschland
an Frankreich abgetretenen Rheinbrücken mit **9.610.690 M**

c) und das Eigentum des Deutschen Reichs im Ausland

(Schameen, Schanghai, Kiautschou) mit **61.580.049 M**

insgesamt 5.032.106.032 M

24. Anteil der Reichs- und Staatsschuld in den abgetretenen Gebieten

Dem Völkerrechte entsprechend hat der Staat, welchem ein anderer Staat einen Teil seines Gebietes abtritt, einen der Größe dieses Gebiets entsprechenden Teil der Staatsschuld zu übernehmen. Dies gilt auch für die Staaten, welche auf Grund des Vertrags von Versailles Gebietsteile von Deutschland erhalten haben. Frankreich ist hiervon jedoch ausdrücklich ausgenommen worden.

Durch den Vertrag von Versailles ist bestimmt, dass die Ansprüche, welche Deutschland damit gegen die Übernehmerstaaten erhält, von diesen nicht durch Zahlung an Deutschland zu erfüllen sind. Zahlungen dürfen vielmehr nur an die Reparationskommission erfolgen, welche diese Beträge auf Deutschlands Reparationsschuld verrechnet.

Die Schulden, die auf Belgien, Dänemark, Danzig,
Polen, Litauen und die Tschechoslowakei entfallen,
betragen insgesamt **644.414.415 M**

(Dieser Betrag ist in Höhe von 483.011.500 M durch die Reparationskommission festgestellt, der Rest entfällt auf die bei dieser Feststellung noch nicht berücksichtigten Schulden für Oberschlesien, Schleswig und das Memelgebiet. Elsass-Lothringen ist nicht berücksichtigt.)

25. Abgetretene Forderungen an Deutschlands ehemalige Kriegsverbündete

Gemäß Artikel 261 des Vertrags von Versailles hat Deutschland seine gesamten Forderungen gegen seine ehemaligen Verbündeten an die alliierten und assoziierten Mächte abgetreten.

Die Forderungen belaufen sich auf insgesamt 9.146.000.000 M.

Davon sind jedoch die Gegenforderungen der Verbündeten abzuziehen. Diese betragen für Österreich-Ungarn 546.000.000 M; für Bulgarien und die Türkei stehen sie noch nicht fest.

Unter Vorbehalt der Herabsetzung um die den letzteren Staaten zustehenden Gegenforderungen beträgt der Wert der Deutschland gutzuschreibenden Forderungen **8.600.000.000 M**

(Es ist zu berücksichtigen, dass für diese Forderungen auch die auf dem Gebiet von Deutschlands ehemaligen Bundesgenossen entstandenen neuen Staaten nach Völkerrecht haftbar sind. Diese Forderungen Deutschlands bilden eine Parallele zu den bekannten interalliierten Schulden.)

26. Das der Liquidation unterliegende deutsche Privateigentum im Ausland

In dem gesamten Staatsgebiet der Ententestaaten unterliegt das deutsche Privateigentum durch den Vertrag von Versailles auch nach dem Friedensschluss der Liquidation. Der Wert dieses aus zahlreichen Einzelvermögen bestehenden Eigentums beträgt nach vorsichtigen Schätzungen rund **11.740.000.000 M**

(Das deutsche Eigentum in den Vereinigten Staaten von Amerika. Rußssland, Brasilien und Kuba ist dabei noch nicht einmal berücksichtigt, da seine endgültige Bestimmung noch nicht feststeht.

Zum Vergleich sei bemerkt, dass Frankreich in der Deutschland überreichten Kriegsschädenrechnung allein für das während der Kriegszeit in der Türkei verlorene französische Privateigentum eine Entschädigung von 1.125.000.000 Franken verlangt hat.)

Die Liquidationserlöse sind in erster Linie mit den Forderungen von alliierten Staatsangehörigen für in Deutschland erlittene Schäden und mit den zu Lasten Deutschlands gehenden Zahlungen im Ausgleichsverfahren belastet. Nur die verbleibenden Beträge werden auf Reparationskonto gutgeschrieben. Wie hoch diese letzteren Beträge sein werden, kann zurzeit noch nicht festgestellt werden. Ihre Höhe ist übrigens nur für die Verrechnung mit der Reparationskommission von Bedeutung. Für Deutschland sind diese Güter jedenfalls mit der Liquidation verloren, sei es, dass sie zur Entschädigung an alliierte Staatsangehörige für in Deutschland erlittenen Schaden verwandt werden, sei es, dass ihr Gegenwert an die Reparationskommission abgeführt wird.

Das in Deutschland befindliche ehemals feindliche Eigentum unterlag zwar auch während des Krieges der Liquidation, jedoch ist Deutschland verpflichtet, für alle dadurch entstandenen Schäden gemäß Artikel 297 c des Vertrags von Versailles in voller Höhe Ersatz zu leisten. Auf Grund dieser Verpflichtung erhalten die alliierten Staaten - neben den eigentlichen Reparationszahlungen den ihnen durch Liquidationen entstandenen Schaden voll ersetzt, während Deutschland keinerlei Ersatzansprüche besitzt, ja nicht einmal das Recht hat (vergleiche Artikel 297 des Vertrags von Versailles), gegen offenbare Verschleuderungen des deutschen Eigentums zu protestieren.

Zu b): Sachleistungen (7 bis 20) insgesamt **39.832.538.551 M.**

Die gesamten Reparationsleistungen betragen demnach bis zum 31. Dezember 1922:

1.	**Barleistungen**	**1.780.016.456 M**
1.1.	**Sachleistungen**	**39.832.538.651 M**
		-------------------------
	insgesamt	**41.612.555.107 M**

B. Die nicht auf Reparationsschuld anrechnungsfähigen Leistungen

Für eine Reihe sehr drückender Lasten aus dem Vertrage von Versailles wird bestimmungsgemäß oder nach willkürlicher Auslegung des Vertrags durch die Reparationskommission eine Gutschrift überhaupt nicht gewährt, obwohl diese Lasten auf Deutschlands Wirtschaft ebenso schwer drücken wie die eigentlichen Reparationsleistungen.

27. Abgetretene Staatskabel **1.609.744 M**

28. Reichs - und Staatseigentum in Eupen und Malmedy **150.000.000 M**

(Durch besondere Bestimmungen des Vertrags von Versailles ist für diese Güter Deutschland eine Gutschrift versagt worden.)

29. Restitutionen und Substitutionen,
d. h. die Rücklieferungen von in den ehemals besetzten Gebieten beschlagnahmten Gegenständen sowie besondere Ersatzlieferungen für solche Gegenstände aus den deutschen Beständen. Der Wert dieser Lieferungen beträgt **446.250.000 M**

Diese Lieferungen umfassen Maschinen, Geräte, Vieh. Schiffe, Verkehrsmittel und anderes mehr. Geliefert sind unter anderem: rund 1.000 Personenwagen, rund 39.000 Güterwagen, rund 118.000 Stück Vieh, rund 300.000 Tonnen Maschinen:

30. Innere Besatzungskosten
Die Kosten der Besatzungsarmee belaufen sich auf insgesamt rund 4 1/2 Milliarden Goldmark. Der größte Teil dieser Summe ist in der Weise aufgebracht, dass die Besatzungsmächte für die von ihnen ausgelegten Beträge (äußere Besatzungskosten) Ersatz von der Reparationskommission in Gestalt der von Deutschland gemachten Reparationsleistungen (siehe A) erhalten haben. Ein bestimmter Teil der Kosten ist jedoch von Deutschland unmittelbar an die Besatzungsmächte gezahlt (innere Besatzungskosten). Es sind dies vor allem die sogenannten Markvorschüsse, d. h. die Papiermark, die die Besatzungsmächte von Deutschland

unmittelbar erhalten, und ferner alle Naturalleistungen (z.B. Kasernen, Quartier, Flugplätze und ähnliches), die ebenfalls von Deutschland direkt zur Verfügung gestellt sind.

Diese letzteren Kosten (inneren Besatzungskosten) belaufen sich auf **895.000.000 M**

31. Kosten für die interalliierten Kommissionen
Diese Kosten, die Deutschland auf Grund des Versailler Vertrages zu erstatten hat, betragen **94.000.000 M**

32. Abgelieferte Kriegsschiffe
Der Wert, der gemäß der Artikel 184, 185 und 188 des Versailler Vertrages abgelieferten Kriegsschiffe (ohne die in Scapa Flow internierten Schiffe) einschließlich der an Japan abgetretenen Marineanlagen in Tsingtau beträgt rund **1.417.000.000 M**

33. Nichtmilitärischer Rücklass an der Ostfront
Dieser nichtmilitärische Rücklaß der deutschen Heere in Polen, Rumänien und Südslawien ist von Sachverständigen geschätzt auf rund **1.050.000.000 M**

34. Militärische und industrielle Abrüstung

a) Militärische Abrüstung

Auf Grund des Friedensvertrages hat das gesamte deutsche Heeres-, Marine- und Luftkampfgerät, soweit es nicht für die Ausrüstung der Deutschland belassenen 100.000 Mann und der wenigen Schiffe dient, an die Entente abgegeben werden müssen. Sämtliche maschinellen Anlagen, die zur Herstellung von Waffen- und Kriegsgerät dienen, mussten unbrauchbar gemacht werden. Von den reichseigenen Anlagen wurden zu diesem Zweck allein 600 Gebäude zerstört und über20.000 Maschinen vernichtet. Die vorgesehene; Schleifung von Befestigungen ist zum größten Teil durchgeführt, die Hafenanlage von Helgoland vollständig zerstört. Der Wert dieser Leistungen und Arbeiten beträgt (nach Abzug des Schrottwerts, für den Deutschland eine Gutschrift auf das Reparationskonto erhält - siehe Nr. 17) rund
6.250.000.000 M

b) Industrielle Abrüstung.

Über die rein militärische Abrüstung hinaus sind auf Verlangen der interalliierten Kontrollkommissionen fast alle für die Bereitstellung von Heeresgerät benutzten Maschinen und Anlagen zerstört worden, darunter viele reine Werkzeugmaschinen, die nach Umarbeitung für die Friedenswirtschaft hätten Verwendung finden können. Der Gesamtwert der durch diese Zerstörungsarbeiten vernichteten Anlagen ist nicht genau festzustellen. Von Sachverständigen wird er aber geschätzt auf mindestens **2.700.000.000 M**

35. Zahlungen im Ausgleichsverfahren
Durch Artikel 296 des Vertrags von Versailles ist Deutschland verpflichtet, im Ausgleichsverfahren für die Bezahlung von Schulden deutscher Privatleute an ehemals feindliche Staatsangehörige zum Goldkurs einzutreten. Die Zahlungen, die Deutschland auf Grund dieses Verfahrens in bar hat leisten müssen, belaufen sich auf **615.000.000 M**

36. Verschiedenes
Rückerstattung von Beträgen, die elsass-lothringische Gemeinden während des Krieges für Rechnung des Reichs ausgelegt haben. Weiterzahlung von Zivil- und Militärpersonen an französisch gewordene Elsass-Lothringer:

durch die Ausführung des Friedensvertrages im Innern entstandene unproduktive Auslagen (Kosten der Abstimmung, Grenzregulierung, Flüchtlingsfürsorge und ähnliches);

als Sicherheitsleistungen an das Garantiekomitee gezahlter Gegenwert von 25 % des Wertes der deutschen Ausfuhr in der Zeit vom 15. Oktober bis 31. Dezember 1921. Insgesamt

685.895.000 M

Nichtanrechnungfähige Leistungen (27 bis 30)

insgesamt **14.304.754.744 M**

In der vorstehenden Liste sind nur die direkten Leistungen Deutschlands enthalten. Alle indirekten Schädigungen, die der deutschen Wirtschaft durch den Vertrag von Versailles verursacht sind, haben darin keine Berücksichtigung gefunden. Ferner unberücksichtigt geblieben ist der rein wirtschaftliche Wert der abgetretenen Gebiete, obwohl dieser Wert bei dem großen Umfang der Gebiete und ihrer wirtschaftlichen Bedeutung ungeheuer groß ist (die in Europa abgetretenen Gebiete sind größer als das gesamte Staatsgebiet von Belgien, den Niederlanden und Luxemburg zusammengenommen, die Kolonien 5 1/2 mal so groß wie das gesamte Deutsche Reich). Auch ohne dass diese letzteren Werte berücksichtigt sind, zeigt die vorstehende Aufstellung, in wie hohem Maße die deutsche Wirtschaft durch die Leistungen auf Grund des Vertrags von Versailles belastet und geschwächt ist.

Deutschland hat wiederholt vorgeschlagen, diese Leistungen einem unparteiischen internationalen Sachverständigenkollegium zur Abschätzung vorzulegen. Es ist auch heute (1923) dazu bereit, in der Überzeugung, dass die Sachverständigen schließlich die Werte bestätigen werden, die auf Grund sorgfältiger Berechnung in vorstehendem wiedergegeben sind.

III. Überblick

über die deutschen Gesamtleistungen bis 31.12.1922

A. Reparationsleistungen

1.-6.	Barzahlungen	1.780.016.456 M
7.	Kohlen und Koks	2.424.400.000 M
8.	Kohlennebenprodukte	43.000.000 M
9.	Farbstoffe und pharmazeutische Artikel	200.000.000 M
10.	Vieh	274.194.000 M
11.	Landwirtschaftliche Maschinen	31.040.000 M
12.	Wiederaufbaulieferungen	290.686.794 M
13.	Wiederherstellung der Universität Löwen	13.758.585 M
14.	See- und Binnenschiffe	4.753.441.068 M
15.	Eisenbahnmaterial	1.927.943.774 M
16.	Lastkraftwagen	115.673.853 M
17.	Verkauftes Kriegsmaterial (Schrotterlöse)	200.000.000 M
18.	Englische Reparationsabgabe	163.160.182 M
10.	Nichtmilitärischer Rücklass a.d. Westfront	1.891.150.387 M
20.	Privatkabel	77.800.000 M
21.	Abgegebene Wertpapiere	392.642.671 M
22.	Saargruben	1.017.126.890 M
23.	Abgetretenes Reichs- u. Staatseigentum	5.032.106 .032 M
24.	Anteil an der Reichs- und Staatsschuld	644.414.415 M
25.	Abgetretene Forderungen	8.600.000.000 M
26.	Der Liquidation unterliegendes deutsches Privateigentum im Ausland	11.740.000.000 M

		41.612.555.107 M

B. Sonstige nach Bestimmung des Vertrages von Versailles auf das Reparationskonto nicht anrechnungsfähige Leistungen.

27.	Staatskabel	1.609.744 M
28.	Reichs- und Staatseigentum in Eupen-Malmedy	150.000.000 M
29.	Restitutionen und Substitutionen	446.250.000 M
30.	Innere Besatzungskosten	895.000.000 M
31.	Kosten der interalliierten Kommissionen	94.000.000 M
32.	Abgelieferte Kriegsschiffe	1.417.000.000 M
33.	Nichtmilitärischer Rücklaß an der Ostfront	1.050.000.000 M
34.	Militärische und industrielle Abrüstung	8.950.000.000 M
35.	Zahlungen im Ausgleichsverfahren	615.000.000 M
36.	Verschiedenes	685.895.000 M
		14.104.754.744 M

Insgesamt bis zum 31.12.1922: **55.917.309.851 M**

Soweit die Berechnungen von Lujo Brentano im Jahr 1923 mit dem Stichtag 31.12.1922. Weitere Informationen für die Zeit nach dem 31.12.1922 liefert uns nachfolgend Dr. Gunter Erfried Heinecke (Mitglied der SPD, Abgeordneter des Reichstags und der Nationalversammlung) in seinem Buch »Schluss mit den Reparationen!«, März 1932, herausgegeben vom Reichsverbandes der Deutschen Industrie Berlin.

Heinecke kommt in seiner Berechnung, welche die reinen Deutschen Reparationsleistungen bis zum August 1924 berechnet, auf 42.459.000.000 Reichsmark (Brentano Stand 31.12.1922 = 41.612.555.107 Reichsmark. Wir übernehmen die Summe von Heinecke um damit die Lücke von Dezember 1922 bis August 1924 zu schließen.

IV. Überblick über die deutschen Gesamtleistungen bis 1924/32

A. Reparationsleistungen (nach Heinecke)	**42.459.000.000 M**
B. Sonstige nach Bestimmung des Vertrages von Versailles auf Reparationskonto nicht anrechnungsfähige Leistungen (nach Brentano)	**14.204.754.744 M**

	56.663.754.744 M

Nach Heinecke sind seit dem 1. September 1924 noch folgende Leistungen hinzugekommen:

Leistungen auf Grund des Dawesplanes	**7.993.000.000 M**
Leistungen auf Grund des Youngplanes *(des Deutsch-Amerikanischen Schuldenabkommens und des Deutsch-Belgischen Markabkommens bis 30. Juni 1931)*	**3.103.000.000 M**

	67.759.754.744 M

Für die unter den oben genannten Punkt B aufgeführten »Sonstige nach Bestimmung des Vertrages von Versailles auf Reparationskonto nicht anrechnungsfähige Leistungen« weist Heinecke ebenfalls höhere Werte auf, die sich durch den größeren Bemessungszeitraum bis 1924 oder gar bis 1932 begründen lassen. Demnach gibt es folgende Ergänzungen:

Innere Besatzungskosten nach Brentano bis 31.12.1922	895.000.000 M	
Innere Besatzungskosten nach Heinecke bis mind. 31.09.1924	2.012.000.000 M	

Differenz		**1.117.000.000 M**

68.876.754.744 M

Übertrag: **68.876.754.744 M**

Militärische und industrielle Abrüstung nach
Brentano bis 31.12.1922 8.950.000.000M
Militärische und industrielle Abrüstung nach
Heinecke bis mind. 31.09.1924 12.000.000.000M

Differenz **3.050.000.000 M**

Kosten der interalliierten Kommissionen nach
Brentano bis 31.12.1922 94.000.000M
Kosten der interalliierten Kommissionen nach
Heinecke bis mind. 31.09.1924 106.000.000M

Differenz **12.000.000 M**

71.938.754.744 M

Heinecke wie auch Brentano legen Wert auf die Feststellung, dass in diesem Betrag der wirtschaftliche Wert der abgetretenen Gebiete nicht enthalten ist.

Die Kaufkraftäquivalente einer Reichsmark werden von der Deutschen Bundesbank bezogen auf die Kaufkraft des Euro im Durchschnitt (Stand Januar 2022) mit dem Faktor 4,3 angegeben
71.938.754.744M x Faktor 4,3 = **<u>309.336.645.399 Euro</u>**

V. Einstellung der Reparationen und der Weg in den II. Weltkrieg

Weitsichten

Der britische Ökonom John Maynard Keynes, der selbst Augenzeuge der Verhandlungen in Versailles gewesen war, veröffentlichte 1919 in seinem Essay »Die wirtschaftlichen Folgen des Vertrags von Versailles«: *»Wenn wir bewusst auf die Verarmung Mitteleuropas hinarbeiten, dann wird – das wage ich vorherzusagen – die Rache nicht auf sich warten lassen.«* Die Siegermächte kannten also die Folgen ihrer Reparationsforderungen.[1)]

Herbert Hoover, amerikanischer Politiker und von 1929 bis 1933 der 31. Präsident der Vereinigten Staaten, schrieb seine Gedanken zum Versailler Vertrag am Morgen des 7. Mai 1919:
»Ich war zutiefst beunruhigt. Der politische und wirtschaftliche Teil [des Versailler Vertrages] waren von Hass und Rachsucht durchsetzt. Viele Bestimmungen wurden ohne Berücksichtigung der Auswirkungen auf andere Teile geschlossen. *Es waren Bedingungen geschaffen worden, unter denen Europa niemals wieder aufgebaut oder der Menschheit der Frieden zurückgegeben werden könnte.«*[2)]

1931

In zwei Gutachten internationaler Finanzexperten vom Herbst 1931, dem Layton-Bericht und dem Beneduce-Bericht, wurde die Zahlungsunfähigkeit Deutschlands bescheinigt.

1932

Die Kernforderung der NSDAP war eine Revision des Versailler Vertrag. Darunter fielen die Beendigung der Reparationen und die Wiedereingliederung der 1919 abgetretenen Gebiete, wobei sich Hitler auf das Selbstbestimmungsrecht berief.

Bei den Reichstagswahlen 1932 konnten die Nationalsozialisten ihr Ergebnis verdoppeln.

1933

Am 30. Januar 1933 hat Reichspräsident Paul von Hindenburg,

Adolf Hitler zum deutschen Reichskanzler ernannt. Die Reparationszahlungen wurden endgültig eingestellt.

Robert Gilbert Vansittart, Privatsekretär der Premierminister Stanley Baldwin und Ramsay MacDonald und bis 1937 Oberster Beamter im britischen Außenministerium im Jahr 1933:

»Wenn er [Hitler] *Erfolg hat, wird er in fünf Jahren einen europäischen Krieg haben.«*[3]

1936

Der spätere britische Premierminister Winston Churchill sagte Ende März 1936 vor dem Konservativen Parlamentskomitee für Auswärtige Angelegenheiten:
»Deshalb scheint mir, dass alle die alten Gegebenheiten wieder vorliegen und dass unsere nationale Rettung davon abhängt, ob wir noch einmal alle Mächte in Europa vereinigen können, um die deutsche Oberherrschaft in Schranken zu halten, zu verhindern und wenn nötig zu vernichten.«[4]

und Churchill im November des gleichen Jahres zu dem US-General Robert E. Wood:

»Deutschland wird zu stark, wir müssen es zerschlagen.«[5]

1939

Der französische Marschall Ferdinand Foch prophezeite schon 1919, das der Friede von Versailles kein Friede sei, sondern ein Waffenstillstand, der zwanzig Jahre dauern würde.[6] Er sollte Recht behalten, wenn man von den polnischen Übergriffen vor 1939 absieht. Der Zweiten Weltkriegs begann offiziell mit dem 1. September 1939 und endete am 2. September 1945 mit der Kapitulation Japans.

1945

Das Potsdamer Abkommen vom 2. August 1945 hatte festgelegt, dass jede Besatzungsmacht in Deutschland ihre Reparationsansprüche durch Demontagen und Sachlieferungen aus ihrer Besatzungszone befriedigen sollte.

VI. Die einzelnen Leistungen nach dem II. Weltkrieg in der SBZ/DDR und den drei westlichen Besatzungszonen

»Die erbetenen Angaben über den Wert deutscher Reparationsleistungen nach dem Zweiten Weltkrieg sind in der gewünschten Form nicht möglich, da dem Bund entsprechendes Zahlenmaterial darüber nicht vorliegt.«[7]

(Antwort des Parlamentarischen Staatssekretärs beim Bundesminister der Finanzen, Karl Diller, am 9. März 2000, Az.VB2 O 1266 B 7/00)

55 Jahre nach dem Ende des Zweiten Weltkriegs lag der Bundesregierung also keine Aufstellung über die deutschen Reparationsleistungen vor. Auch nach 77 Jahren lässt sich eine derartige Aufstellung nicht finden, weswegen wir uns dieser Aufgabe mit analytischem Gespür gewidmet haben.

Sowjetische Besatzungszone (SBZ)/DDR

Im Gegensatz zur Bundesrepublik Deutschland hatte die DDR eine Übersicht. Bis zur Eistellung der Reparationsleistungen in der DDR im Jahre 1953 bezifferte der ehemalige stellvertretender Vorsitzender der Staatlichen Plankommission der DDR, die Reparationen der SBZ und der DDR auf insgesamt 99,1 Milliarden DM.[8]

Gesamtleistungen der Sowjetischen Besatzungszone und der DDR bis 1953 = ***99.100.000.000 DM***

Die Kaufkraftäquivalente einer DM im Jahr 1953 werden von der Deutschen Bundesbank bezogen auf die Kaufkraft des Euro im Durchschnitt im Januar 2022 mit dem Faktor 2,66 angegeben.

99.100.000.000 DM x Faktor 2,66 = 263.606.000.000 Euro

Auslandsvermögen

Bereits 1939 wurde damit begonnen deutsches Auslandsvermögen einzufrieren. 1946 wurde das deutsche Auslandsvermögen beschlagnahmt. Die Summe des damaligen deutschen Auslandsvermögens wird auf bis zu 20 Mrd. Reichsmark geschätzt. Senator Gustav Harmssen beziffert in seiner 1948er Ministerpräsidenten-Denkschrift die deutschen Auslandsguthaben auf 9,75 Milliarden Mark.[9)]

Die Kaufkraftäquivalente einer Mark im ersten Halbjahr 1948 werden von der Deutschen Bundesbank bezogen auf die Kaufkraft des Euro im Durchschnitt im Januar 2022 mit dem Faktor 3,2 angegeben.
9.750.000.000 RM x Faktor 3,2= 31.200.000.000 Euro

Patente, Betriebsgeheimnisse

Den Wert der deutschen Patente, Betriebsgeheimnisse etc. veranschlagt Harmssen auf über 12 Milliarden Mark. Ein Wert, der sich sicherlich nicht in Mark und Pfennig berechnen lässt. Allerdings wurden Patente in einem hohen und unschätzbaren Maß beschlagnahmt, deswegen wird dieser Wert von Harmssen hier zugrunde gelegt.[10)]

Die Kaufkraftäquivalente einer Mark im ersten Halbjahr 1948 werden von der Deutschen Bundesbank bezogen auf die Kaufkraft des Euro im Durchschnitt im Januar 2022 mit dem Faktor 3,2 angegeben.
12.000.000.000 RM x Faktor 3,2= 38.400.000.000 Euro

Demontierte Betriebe

Im Oktober 1947 wurde in den Westzonen eine Demontageliste erlassen, die 682 Betriebe umfasste. Die Aufstellung der Betriebe findet sich im Anhang.

Der Gesamtwert der demontierten Anlagen, abzüglich Abschreibung und Wertverlust durch Zerstörung und sonstige Wertminderungen wurde von Senator Gustav Harmssen für die Sowjetzonen auf 6,4 Milliarden Reichsmark und für die Westzonen auf 6,20 Milliarden Reichsmark berechnet.[11)]
Die Kaufkraftäquivalente einer Reichsmark im ersten Halbjahr 1948 werden von der Deutschen Bundesbank bezogen auf die Kaufkraft des Euro im Durchschnitt im Januar 2022 mit dem Faktor 3,2 angegeben.

6.200.000.000 RM x Faktor 3,2= 19.840.000.000 Euro

(Die 6, 4 Milliarden Reichsmark der Betriebsdemontage in der Sowjetzone ist bereits in den zuvor genannten Gesamtleistungen der Sowjetischen Besatzungszone enthalten.)

Vermögensverluste der aus dem Ausland ausgewiesenen Volksdeutschen

Während bereits die deutschen Auslandsvermögen im engeren Sinne berücksichtigt wurden fehlen noch die Vermögensverluste der aus dem Ausland und den Vertreibungsgebieten ausgewiesenen Volksdeutschen.

Diese Vermögensverluste beziffert Senator Gustav Harmssen in seiner 1948er Ministerpräsidenten-Denkschrift auf
40.500.000.000 RM[12)]

Die Kaufkraftäquivalente einer Reichsmark im ersten Halbjahr 1948 werden von der Deutschen Bundesbank bezogen auf die Kaufkraft des Euro im Durchschnitt im Januar 2022 mit dem Faktor 3,2 angegeben.
40.500.000.000 RM x Faktor 3,2= 129.600.000.000 Euro

Volkswirtschaftlicher Wert der von Deutschland abgetrennten Gebieten

Der Wert der von Deutschland abgetretenen Gebiete dürfte in unschätzbarer Höhe liegen.

Harmssen berechnete daher 1948 lediglich den Volkswirtschaftlichen Wert der von Deutschland abgetretenen Gebiete und bezifferte diesen auf 70.000.000.000 Reichsmark.[13)]

Die Kaufkraftäquivalente einer Reichsmark im ersten Halbjahr 1948 werden von der Deutschen Bundesbank bezogen auf die Kaufkraft des Euro im Durchschnitt im Januar 2022 mit dem Faktor 3,2 angegeben.
70.000.000.000 RM x Faktor 3,2= 224.000.000.000 Euro

Beschlagnahmtes Gold

Laut der in München erscheinenden »Neuen Zeitung« vom 14.10.1946 wurden an mehreren Stellen des Reichsgebietes 277 Tonnen Gold beschlagnahmt. Davon 220 in den Westzonen, 50 Tonnen von der Schweiz und 7 Tonnen in Schweden. Der Wert des gesamten beschlagnahmten Goldes wurde 1948 mit 750 Millionen Reichsmark berechnet. Inwieweit Deutschland wieder in Besitz des Goldes ist, bzw. wie viel davon im für Deutschland im Ausland lagert ist hier unbekannt. Daher fließt dieser Betrag nicht in unsere Gesamtrechnung der Reparationen/ Widergutmachungen ein.

Sonstige Kosten/Leistungen

Zwangsexport von Holz	1.000.000.000 RM[14)]
Ablieferung der See- und Binnenschiffe	500.000.000 RM[15)]
Reparationen aus laufender Warenprod.	5.000.000.000 RM[16)]
Zwangsexport von Kohle	500.000.000 RM[17)]

Abschöpfung von Steuererträgen	4.500.000.000 RM[18]
Arbeit der deutschen Kriegsgefangenen	5.000.000.000 RM[19]

Sonstige Kosten gesamt	17.500.000.000 RM

Diese Berechnung beruht auf die Kosten in allen vier Besatzungszonen. Da in der Gesamtberechnung bereits alle Kosten in der Sowjetischen Besatzungszone berücksichtigt wurden setzen wir hier schätzungsweise nur 50 % des Betrages für die westlichen Zonen, also 8.750.000.000 Reichsmark an.

Die Kaufkraftäquivalente einer Reichsmark im ersten Halbjahr 1948 werden von der Deutschen Bundesbank bezogen auf die Kaufkraft des Euro im Durchschnitt im Januar 2022 mit dem Faktor 3,2 angegeben.

8.750.000.000 RM x Faktor 3,2= 28.000.000.000 Euro

Zwischenstand:

Reparationen Erster Weltkrieg	**309.336.645.399 Euro**
Reparationen Zweiter Weltkrieg (Besatzungszonen/DDR)	**734.646.000.000 Euro**

	1.043.982.645.399 Euro
	====================

Eine Billion, vierunddreißig Milliarden, neunhundertzweiundachtzig Millionen, sechshundertfünfundvierzig Tausend, dreihundertneunundneunzig Euro.

VII. Die einzelnen Leistungen nach dem II. Weltkrieg in der Bundesrepublik Deutschland

Luxemburger Abkommen

Das Luxemburger Abkommen ist ein am 10. September 1952 geschlossenes Übereinkommen (Wiedergutmachungsabkommen) zwischen der Bundesrepublik Deutschland auf der einen Seite sowie Israel und der Jewish Claims Conference (JCC) auf der anderen Seite.

Inhalt des Abkommens waren Zahlungen, Exportgüter und Dienstleistungen im Gesamtwert von 3,5 Milliarden D-Mark, die wie folgt aufgeteilt wurden:

Für den Staat Israel	3.000.000.000 DM[21)]
Für die außerhalb Israels wohnenden vertriebenen Juden	450.000.000 DM[22)]
Für jene, die keiner jüdischen Glaubensgemeinschaft mehr angehörten.	50.000.000 DM[23)]

Insgesamt wurden somit Zahlungen und Lieferungen im Wert von 3,5 Milliarden DM vereinbart.

Die Kaufkraftäquivalente einer Deutschen Mark im Jahr 1953 werden von der Deutschen Bundesbank bezogen auf die Kaufkraft des Euro im Durchschnitt im Januar 2022 mit dem Faktor 2,66 angegeben.

3.500.000.000 DM x Faktor 2,66 = **9.310.000.000 Euro**

Globalabkommen

Zwischen 1959 und 1964 schloss die Bundesrepublik mit zwölf Regierungen sogenannte »Globalabkommen« ab. Diese Globalabkommen enthielten Entschädigungsleistungen Deutschlands für die Opfer des Nationalsozialismus. Im Detail gingen folgende Zahlungen an:

Luxemburg	18.000.000 DM
Norwegen	60.000.000 DM
Dänemark	16.000.000 DM
Griechenland	115.000.000 DM
Niederlande	125.000.000 DM
Frankreich	400.000.000 DM
Belgien	80.000.000 DM
Italien	40.000.000 DM
Schweiz	10.000.000 DM
Österreich	95.000.000 DM
Großbritannien	11.000.000 DM
Schweden	1.000.000 DM

	971.000.000 DM

Gesamtleistungen an die o.g. Staaten aufgrund der Abkommen zwischen den Jahren 1959 und 1964 beträgt demnach 971.000.000 DM.[20)]

Die Kaufkraftäquivalente einer DM in den Jahren 1959-1964 werden von der Deutschen Bundesbank bezogen auf die Kaufkraft des Euro im Durchschnitt im Januar 2022 mit den Faktor 2,29 angegeben.

971.000.000 DM x Faktor 2,29 = 2.223.500.000 Euro

Bundesentschädigungsgesetz vom 29. Juni 1956

Nach dem Bundesentschädigungsgesetz wurden folgende Leistungen erbracht:

1956-1962 12.500.000.000 DM[24)]

Die Kaufkraftäquivalente einer Deutschen Mark im Jahr 1962 werden von der Deutschen Bundesbank bezogen auf die Kaufkraft des Euro im Durchschnitt im Januar 2022 mit dem Faktor 2,25 angegeben.

12.500.000.000 DM x Faktor 2,25 = 28.125.000.000 Euro

Das Bundesrückerstattungsgesetz vom 19. Juli 1957
Dieses Gesetz sah die Erfüllung von Geldansprüchen vor, die sich wegen Vermögensentzugs gegen das frühere Deutsche Reich, Preußen und die NSDAP richteten und 1947 von den (west-)alliierten Militärregierungen angemeldet worden waren.

Bis 1988 waren 3,93 Milliarden DM verausgabt.[26)]

Die Kaufkraftäquivalente einer Deutschen Mark im Jahr 1957 (1988) werden von der Deutschen Bundesbank bezogen auf die Kaufkraft des Euro im Durchschnitt im Januar 2022 mit dem Faktor 2,48 (0.91) angegeben. Da keine detaillierte Jahresaufstellung für die Zahlungen vorliegt nehmen wir den Mittelwert 1,7.

3.930.000.000 DM x Faktor 1,7 = 6.681.000.000 Euro

Gesetz zur Errichtung einer Stiftung »Erinnerung, Verantwortung und Zukunft« vom 2. August 2000

Mit diesem Gesetz wurde die international zusammengesetzte Stiftung »Erinnerung, Verantwortung und Zukunft« errichtet, zu der der Bund und deutsche Wirtschaftsunternehmen je anteilig 5 Mrd. DM beitrugen.[25)] Unter § 2 Stiftungszweck (1): »Zweck der Stiftung ist es, über Partnerorganisationen Finanzmittel zur Gewährung von Leistungen an ehemalige Zwangsarbeiter und von anderem Unrecht aus der Zeit des Nationalsozialismus Betroffene bereitzustellen.«

Die Kaufkraftäquivalente einer Deutschen Mark im Jahr 2000 werden von der Deutschen Bundesbank bezogen auf die Kaufkraft des Euro im Durchschnitt im Januar 2022 mit dem Faktor 0,70 angegeben.

5.000.000.000 DM x Faktor 0,75 = <u>3.500.000.000 Euro</u>

Seit 1949 bis heute wurden eine Vielzahl von offiziellen Gesetzen und Abkommen umgesetzt, die nachfolgend chronologisch zusammengetragen wurden.

Die einzelnen Leistungen nach dem II. Weltkrieg in der Bundesrepublik Deutschland werden mit vielen weiteren nachfolgenden Wiedergutmach-ungsleistungen in der nachfolgenden Tabelle chronologisch zusammengefasst.

VIII. Chronologischen Überblick über die Entwicklung der Wiedergutmachungsregelungen nach 1945

05.03.1947

Gesetz der britischen Militärregierung über die Gewährung von Unfall- und Hinterbliebenenrenten an die Opfer der nationalsozialistischen Unterdrückung.

10.11.1947

Militärregierungsgesetz Nr. 59 zur »Rückerstattung feststellbarer Vermögensgegenstände an Opfer der nationalsozialistischen Unterdrückungsmaßnahmen« (USREG).

10.11.1947

Verordnung Nr. 120 der französischen Militärregierung über die Rückerstattung geraubter Vermögensobjekte.

04.03.1948

Gesetz der britischen Militärregierung über die Gewährung von Renten an die Opfer des Nationalsozialismus und deren Hinterbliebene. *Neufassung*

22.09.1948

Gesetz der britischen Militärregierung über die Gewährung von Sonderhilfen für Verfolgte der nationalsozialistischen Gewaltherrschaft (Personenschäden).

11.02.1949

Gesetz der britischen Militärregierung über die Entschädigung für Freiheitsentziehung aus politischen, rassischen und religiösen Gründen.

26.04.1949

Gesetz zur Wiedergutmachung nationalsozialistischen Unrechts (Entschädigungsgesetz - USEG).

12.05.1949

Gesetz Nr. 59 der britischen Militärregierung über die Rückerstattung feststellbarer Vermögensgegenstände (BrREG).

04.07.1949

Haftentschädigungsgesetz der britischen Militärregierung.

26.07.1949

Verordnung der Alliierten Kommandantur Berlin vom 26. Juli 1949 (REAO) zu Rückerstattungsfragen.

31.07.1949

Gesetz der britischen Militärregierung über Entschädigung für Freiheitsentziehung durch nationalsozialistische Maßnahmen (Haftentschädigungsgesetz). *Neufassung*

16.08.1949

Gesetz der britischen Militärregierung für Freiheitsentziehung aus politischen, weltanschaulichen, religiösen und rassischen Gründen.

22.08.1949

Gesetz über die Behandlung der Verfolgten des Nationalsozialismus in der Sozialversicherung vom 22. August 1949 mit Wirkung vom 1. September 1949.

10.01.1950

Gesetz der französischen Militärregierung über die Entschädigung der Opfer des Nationalsozialismus.

20.12.1950

Gesetz über die Versorgung der Opfer des Krieges (Bundesversorgungsgesetz).

10.01.1951

Gesetz über die Entschädigung der Opfer des Nationalsozialismus.

11.05.1951

Gesetz zur Regelung der Wiedergutmachung nationalsozialistischen Unrechts für Angehörige des öffentlichen Dienstes (BWGöD). *Neufassung*

26.07.1951

Sonderregelung für überlebende Opfer von medizinischen Versuchen.

18.03.1952

Gesetz zur Regelung der Wiedergutmachung nationalsozialistischen Unrechts für die im Ausland lebenden Angehörigen des öffentlichen Dienstes (BWGöDAausl). *Neufassung*

26.05.1952

»Überleitungsvertrag« - vierter Teil des Vertrages: Entschädigung für Opfer der nationalsozialistischen Verfolgung (Regelung der Verpflichtung zur Ergänzung der bestehenden Rechtsvorschriften der Besatzungsmächte bzgl. der Wiedergutmachung und Entschädigung).

15.07.1952

Härtefonds für rassisch Verfolgte nicht jüdischen Glaubens (NGJ-Fonds) (Richtlinien vom 15. September 1966).

10.09.1952

»Luxemburger Abkommen« – in der Öffentlichkeit besser bekannt als deutsch-israelisches Wiedergutmachungsabkommen.

27.02.1953

Abkommen über deutsche Auslandsschulden.

08.04.1953

Gesetz zum Ausgleich von Schäden, die durch politische, weltanschauliche, religiöse oder rassische Verfolgung entstanden sind (Allgemeines Wiedergutmachungsgesetz).

09.04.1953

Richtlinien zur Regelung der Wiedergutmachung für die früheren Bediensteten jüdischer Gemeinden.

03.08.1953

Gesetz zur Wiedergutmachung nationalsozialistischen Unrechts in der Kriegsopferversorgung für Berechtigte im Ausland (BWK Ausl).

18.09.1953

Bundesergänzungsgesetz zur Entschädigung für Opfer der nationalsozialistischen Verfolgung (BEG).

10.03.1956

Vertrag mit Jugoslawien über wirtschaftliche Zusammenarbeit und die Regelung von Ansprüchen auf Entschädigung für nicht realisierbare Restitutionen und von Ansprüchen gegen die deutsche Verrechnungskasse (Zahlung von 300 Mio. DM, davon 240 Mio. DM als Kredit).

29.06.1956

Drittes Gesetz zur Änderung des Bundesergänzungsgesetzes zur Entschädigung für Opfer der nationalsozialistischen Verfolgung (Bundesentschädigungsgesetz - BEG).

19.07.1957

Bundesgesetz zur Regelung der rückerstattungsrechtlichen Geldverbindlichkeiten des Deutschen Reichs und gleichgestellter Rechtsträger (Bundesrückerstattungsgesetz - BRüG).

05.11.1957

Gesetz zur allgemeinen Regelung durch den Krieg und den Zusammenbruch des Deutschen Reiches entstandener Schäden (Allgemeines Kriegsfolgengesetz -AKG).

25.06.1958

Bundesgesetz zur Wiedergutmachung nationalsozialistischen

Unrechts in der Kriegsopferversorgung (BWK).

29.06.1959

Globalvereinbarung über Härteleistungen an jüdische Angehörige der britischen Armee aus dem damaligen britischen Mandatsgebiet Palästina, die in Griechenland in deutsche Kriegsgefangenschaft gerieten.

11.07.1959

Globalabkommen mit Luxemburg.

01.08.1959

Härteregelung aus humanitären Gründen für in Israel lebende Geschädigte des Lagers Wapniarka.

07.08.1959

Globalabkommen mit Norwegen.

24.08.1959

Globalabkommen mit Dänemark.

18.03.1960

Globalabkommen mit Griechenland.

08.04.1960

Globalabkommen mit den Niederlanden

15.07.1960

Globalabkommen mit Frankreich.

28.09.1960

Globalabkommen mit Belgien.

05.10.1960

Fonds für Nationalgeschädigte (Abkommen mit dem Hohen Kommissar der Vereinten Nationen für Flüchtlinge - UNHCR).

24.04.1961

Globalabkommen mit Jugoslawien über die Entschädigung von Opfern pseudo-medizinischer Versuche (Nachdotierung 1963).

02.06.1961

Globalabkommen mit Italien.

29.06.1961

Globalabkommen mit der Schweiz.

27.07.1961

Gesetz zu dem Vertrag vom 15. Juli 1960 zwischen der Bundesrepublik Deutschland und der Französischen Republik über Leistungen zugunsten französischer Staatsangehöriger, die von nationalsozialistischen Verfolgungsmaßnahmen betroffen worden sind.

27.11.1961

Globalabkommen mit Österreich (Kreuznacher Abkommen).

14.05.1962

Zusatzabkommen zu dem zwischen der Bundesrepublik Deutschland und dem Königreich der Niederlande am 8. April 1960 unterzeichneten Finanzvertrag.

09.06.1964

Globalabkommen mit Großbritannien.

03.08.1964

Globalabkommen mit Schweden.

17.03.1965

Gesetz zur Regelung der Verbindlichkeiten nationalsozialistischer Einrichtungen und der Rechtsverhältnisse an deren Vermögen (NS-Abwicklungsgesetz).

14.09.1965

Bundesentschädigungs-Schlussgesetz (BEG-SG).

15.09.1966

Neufassung der Richtlinien zur Vergabe von Mitteln für individuelle Betreuungsmaßnahmen aus dem Härtefonds für rassisch Verfolgte nicht jüdischen Glaubens (NGJ-Fonds).

30.10.1969

Globalabkommen mit der CSSR über die Entschädigung von Opfern pseudo-medizinischer Versuche.

30.10.1969

Globalabkommen mit der CSSR über die Entschädigung von Opfern pseudo-medizinischer Versuche (nicht veröffentlicht).

22.12.1970

Gesetz zur Änderung und Ergänzung der Vorschriften über die Wiedergutmachung nationalsozialistischen Unrechts in der Sozialversicherung.

22.01.1971

Globalabkommen mit Ungarn über die Entschädigung von Opfern pseudo-medizinischer Versuche (nicht veröffentlicht).

20.02.1972

Kapitalhilfeabkommen mit Jugoslawien über 300 Mio. DM (nicht veröffentlicht).

16.11.1972

Globalabkommen mit Polen über die Entschädigung von Opfern pseudo-medizinischer Versuche.

10.12.1974

Kapitalhilfeabkommen mit Jugoslawien über 700 Mio. DM.

09.10.1975

Abkommen zwischen der Bundesrepublik Deutschland und Polen über Renten- und Unfallversicherung.

03.10.1980

Richtlinien der Bundesregierung für die Vergabe von Mitteln an jüdische Verfolgte zur Abgeltung von Härten in Einzelfällen im Rahmen der Wiedergutmachung (»Hardship Fund«).

03.12.1980

Erlass des BMF über die Gewährung einer Einmalleistung von 5.000 DM an Zwangssterilisierte.

31.03.1981

Abkommen mit Frankreich, wonach sich die Bundesrepublik Deutschland mit einem Betrag von 250 Mio. DM an einer Stiftung „Deutsch-Französische Verständigung" beteiligt. Stiftungszweck ist die Lösung der sozialen Probleme französischer Zwangsrekrutierter.

26.08.1981

Richtlinien der Bundesregierung für die Vergabe von Mitteln an Verfolgte nicht jüdischer Abstammung zur Abgeltung von Härten in Einzelfällen im Rahmen der Wiedergutmachung. *Neufassung*

30.11.1987

Notenwechsel mit Luxemburg.

03.12.1987

Entschließung des Deutschen Bundestages, in dem die Bundesregierung aufgefordert wird, zusätzliche Entschädigungsmaßnahmen zu treffen.

07.03.1988

Richtlinien der Bundesregierung über Härteleistungen an Opfer von nationalsozialistischen Unrechtsmaßnahmen im Rahmen des Allgemeinen Kriegsfolgengesetzes (AKG).

27.06.1990

Änderung der Richtlinien der Bundesregierung über Härteleistungen an Opfer von nationalsozialistischen Unrechtsmaßnahmen im Rahmen des Allgemeinen Kriegsfolgengesetzes (AKG).

23.09.1990

Gesetz zur Regelung offener Vermögensfragen.

13.12.1990

Überleitung der AKG-Härterichtlinien auf das Gebiet der ehemaligen DDR.

16.10.1991

Notenwechsel zwischen der Bundesrepublik Deutschland und Polen. Gewährung von 500 Mio. DM an die »Stiftung Deutsch-Polnische Aussöhnung«.

22.04.1992

Gesetz über Entschädigungen für Opfer des Nationalsozialismus im Beitrittsgebiet – Entschädigungsrentengesetz (ERG).

13.05.1992

Richtlinien für eine ergänzende Regelung über Entschädigungen für Opfer des Nationalsozialismus im Beitrittsgebiet (RL/B).

13.05.1992

Abkommen zwischen der Regierung der Bundesrepublik Deutschland und der Regierung der Vereinigten Staaten von Amerika über die Regelung bestimmter Vermögensansprüche.

09.10.1992

»Artikel-2-Vereinbarung« mit der Claims Conference gemäß Artikel 2 der Vereinbarung zum Einigungsvertrag vom 18. September 1990.

30.03.1993

Notenwechsel der Bundesrepublik Deutschland mit der Republik Belarus, der Russischen Föderation und der Ukraine Die Bundesrepublik erklärt sich bereit, an in diesen Ländern inzwischen gegründete Stiftungen »Verständigung und Aussöhnung« insgesamt 1 Mrd. DM für NS-Opfer zu zahlen.

27.09.1994

Gesetz über die Entschädigung nach dem Gesetz zur Regelung offener Vermögensfragen und über staatliche Ausgleichsleistungen für Enteignungen auf besatzungsrechtlicher oder besatzungshoheitlicher Grundlage (Entschädigungs- und Ausgleichsleistungsgesetz - EALG).

27.09.1994

NS-Verfolgtenentschädigungsgesetz (NS-VEntschG).

22.06.1995

Abschluss einer Regierungsvereinbarung mit Estland über die Finanzierung konkreter sozialer Projekte über 2 Mio. DM, die den individuellen Bedürfnissen der NS-Opfer in Estland nahekommen sollen.

19.09.1995

Entschädigungsabkommen mit den USA.

26.07.1996

Abschluss einer Regierungsvereinbarung mit Litauen über die Finanzierung konkreter sozialer Projekte über 2 Mio. DM, die den individuellen Bedürfnissen der NS-Opfer in Litauen nahekommen sollen.

14.11.1996

Beschluss des Haushaltsausschusses des Bundestages über eine Verpflichtungsermächtigung in Höhe von 80 Mio. DM zur Entschädigung von Opfern des Nationalsozialismus in den mittel- und osteuropäischen Staaten (»Hirsch-Initiative«).

Januar 1998

Osteuropa-Fonds (CEEF). Vereinbarung zwischen der Bundesregierung und der Claims Conference vom Januar 1998 über einen Finanzbeitrag der Bundesrepublik Deutschland zu einem von der Claims Conference zu errichtenden Fonds zur Entschädigung von jüdischen NS-Verfolgten in mittel- und osteuropäischen Staaten.

27.08.1998

Abschluss einer Regierungsvereinbarung mit der Republik Lettland über 2 Mio. DM zur Finanzierung konkreter sozialer Projekte, die den individuellen Bedürfnissen der NS-Opfer in Lettland nahekommen sollen.

27.08.1998

Koalitionsvereinbarung zwischen der SPD und Bündnis 90/Die Grünen. Die Regierungsparteien vereinbaren die Einrichtung einer Bundesstiftung »Entschädigung für NS-Unrecht« für die »vergessenen NS-Opfer« unter Beteiligung der deutschen Industrie zu einer Bundesstiftung »Entschädigung für NS-Zwangsarbeit«.

02.08.2000

Gesetz zur Errichtung einer Stiftung »Erinnerung, Verantwortung und Zukunft« - EVZ.

20.06.2002

Gesetz zur Zahlbarmachung von Renten aus Beschäftigungen in einem Ghetto vom 20. Juni 2002 (ZRBG).

01.09.2004

Änderung der Richtlinien der Bundesregierung über Härteleistungen an Opfer von nationalsozialistischen Unrechtsmaßnahmen im Rahmen des Allgemeinen Kriegsfolgengesetzes (AKG).

29.10.2005

Änderung der Richtlinien der Bundesregierung über Härteleistungen an Opfer von nationalsozialistischen Unrechtsmaßnahmen im Rahmen des Allgemeinen Kriegsfolgengesetzes (AKG-Härterichtlinien) vom 29. Oktober 2005.

01.10.2007

Richtlinie der Bundesregierung über eine Anerkennungsleistung an Verfolgte für Arbeit in einem Ghetto, die keine Zwangsarbeit war und bisher ohne sozialversicherungsrechtliche Berücksichtigung geblieben ist.

27.01.2011

Interfraktionelle Initiative: »Entschädigungsleistungen für Opfer der Zwangssterilisierung und der „Euthanasie" in der Zeit des Nationalsozialismus« Opfer von Zwangssterilisationen in der NS-Zeit können eine Erhöhung ihrer monatlichen Leistungen erhalten.

28.03.2011

Neufassung der Richtlinien der Bundesregierung über Härteleistungen an Opfer von nationalsozialistischen Unrechtsmaßnahmen im Rahmen des Allgemeinen Kriegsfolgengesetzes (AKG-Härterichtlinien).

26.07.2011

Neufassung der Richtlinie der Bundesregierung über eine Anerkennungsleistung an Verfolgte für Arbeit in einem Ghetto, die keine Zwangsarbeit war und bisher ohne sozialversicherungsrechtliche Berücksichtigung geblieben ist, vom 5. Oktober 2007 jetzt: Richtlinie der Bundesregierung über eine Anerkennungsleistung an Verfolgte für Arbeit in einem Ghetto, die keine Zwangsarbeit war (Anerkennungsrichtlinie), vom 20. Juli 2011.

20.12.2011

Neufassung der Richtlinie der Bundesregierung über eine Anerkennungsleistung an Verfolgte für Arbeit in einem Ghetto, die keine Zwangsarbeit war (Anerkennungsrichtlinie) vom 20. Dezember 2011.

15.11.2012

Neufassung der Artikel-2-Vereinbarung vom 29. Oktober 1992 zwischen der Bundesrepublik Deutschland, vertreten durch das Bundesministerium der Finanzen, und der Conference on Jewish Material Claims Against Germany.

01.01.2015

Einrichtung eines gemeinsamen Fonds des Bundesministeriums der Finanzen und der Claims Conference, der für als Kinder verfolgte jüdische Opfer eine Einmalleistung als Zuschuss für therapeutische psychologische und medizinische Maßnahmen vorsieht (Child Survivor Fund).

21.05.2015

Anerkennungsleistung für ehemalige sowjetische Kriegsgefangene.

01.01.2017

Neufassung der Vereinbarung über die Gewährung von Mitteln an einen Fonds der Claims Conference zur Finanzierung von häuslichen Fürsorgeleistungen für jüdische Opfer der nationalsozialistischen Verfolgung (Homecare-Fonds).

15.07.2017

Gemäß § 2 Abs. 2 der »Richtlinie der Bundesregierung über eine Anerkennungsleistung an Verfolgte für Arbeit in einem Ghetto, die keine Zwangsarbeit war«, können Antragsteller eine einmalige Leistung erhalten, wenn ihr Antrag bei der Deutschen Rentenversicherung nur deshalb abgelehnt worden ist, weil die allgemeine Wartezeit nach § 50 Abs. 1 Satz 1 des Sechsten Buches Sozialgesetzbuch (SGB VI) nicht erfüllt ist (Rentenersatzzuschlag).

05.12.2018

Bund-Länder-Vereinbarung betreffend den Erhalt der Gräber der unter der nationalsozialistischen Gewaltherrschaft verfolgten Sinti und Roma vom 5. Dezember 2018.

01.01.2019

Vereinbarung zwischen dem Bundesministerium der Finanzen und der Claims Conference über eine einmalige symbolische Zahlung an die Teilnehmer der Kindertransporte in den Jahren 1938 und 1939.

20.06.2019

Subsidiäres Unterstützungsprogramm Israel. Mit Hilfe des Programms können bestimmte Empfänger deutscher Entschädigungsrenten in Israel zusätzliche finanzielle Unterstützung erhalten.

01.01.2020

Leistungen für Gerechte unter den Völkern (Righteous Among the Nations). Unterstützung eines von der Claims Conference geförderten Programms, durch das in Not geratene, nicht jüdische Personen, die unter Einsatz des eigenen Lebens während des Holocaust jüdisches Leben gerettet haben und von der israelischen Gedenk- und Forschungsstätte Yad Vashem »als Gerechte unter den Völkern« anerkannt wurden, finanziell unterstützt werden.

31.03.2021

Richtlinie der Bundesregierung über Übergangsleistungen an hinterbliebene Ehegatten von NS-Opfern, die bis zu ihrem Tod eine Rente nach dem Bundesentschädigungsgesetz (BEG) oder laufende Leistungen aus dem Wiedergutmachungs Dispositions-Fonds (WDF), erhalten haben.

01.07.2021

Einrichtung eines Sonderfonds für regionalspezifische schwere Verfolgung (Region-specific Severe Persecution Fund – RSPFund) für jüdische Überlebende der Leningrader Blockade, jüdische Menschen, die in Frankreich während der Besatzungszeit versteckt überlebt haben oder die in Rumänien verfolgt wurden.

14.07.2021

Ergänzendes Unterstützungsprogramm Israel. Mit Hilfe des ergänzenden Programms können israelische Empfänger deutscher Entschädigungsrenten nach dem Bundesentschädigungsgesetz (BEG), die bereits Leistungen aus dem Programm vom 20. Juni 2019 beziehen, einen zusätzlichen Betrag in Höhe von 100 Euro monatlich als Pauschalbetrag für die Behandlung verfolgungsbedingter psychischer Traumata erhalten. Darüber hinaus können israelischen Empfängern einer BEG-Rente, die an Demenz, Alzheimer oder ähnlich schweren Beeinträchtigungen der geistigen Gesundheit leiden, in Sonderfällen zusätzliche Geld- oder Sachleistungen in Höhe von 500 Euro jährlich gewährt werden.

XI. Offizielle Wiedergutmachungsleistungen nach 1949

Jahr	Verwendungszweck	Ausgabe	Währung	Umrech-nungs-faktor nach Kaufkraft	Ausgabe nach Kaufkraft	Mrd. €	Quellen
1951	Wiedergutmachungen	0,20	Mrd. DM	2,66	0,53	Mrd. €	T1
1952	Wiedergutmachungen	0,20	Mrd. DM	2,61	0,52	Mrd. €	T2
1953	Wiedergutmachungen	0,40	Mrd. DM	2,66	1,06	Mrd. €	T3
1954	Wiedergutmachungen	0,50	Mrd. DM	2,64	1,32	Mrd. €	T4
1955	Wiedergutmachungen	0,70	Mrd. DM	2,61	1,83	Mrd. €	T5
1956	Wiedergutmachungen	1,00	Mrd. DM	2,54	2,54	Mrd. €	T6
1957	Wiedergutmachungen	1,50	Mrd. DM	2,48	3,72	Mrd. €	T6
1958	Wiedergutmachungen	1,40	Mrd. DM	2,43	3,40	Mrd. €	T8
1959	Wiedergutmachungen	1,70	Mrd. DM	2,40	4,08	Mrd. €	T9
1960	Wiedergutmachungen	2,30	Mrd. DM	2,37	5,45	Mrd. €	T10
1961	Wiedergutmachungen	2,80	Mrd. DM	2,32	6,50	Mrd. €	T11
1962	Wiedergutmachungen	2,70	Mrd. DM	2,25	6,08	Mrd. €	T12
1963	Wiedergutmachungen	2,50	Mrd. DM	2,19	5,48	Mrd. €	T13
1964	Wiedergutmachungen	2,10	Mrd. DM	2,14	4,49	Mrd. €	T14
	Zwischensummen	**20,00**	**Mrd. DM**		**47,00**	**Mrd. €**	
1964	»Die Zeit« meldete 1965, eine bisherige Wiedergutmachungs-leistung von 27 Mrd. DM. Ausgleichsbetrag 7,0 Mrd. DM. Durchschnittsfaktor (1951-1964)	7,00	Mrd. DM	2,45	17,15	Mrd. €	T15
1965	Wiedergutmachungen	3,40	Mrd. DM	2,07	7,04	Mrd. €	T16
1966	Wiedergutmachungen	1,80	Mrd. DM	2,00	3,60	Mrd. €	T17
1967	Wiedergutmachungen	1,70	Mrd. DM	1,97	3,35	Mrd. €	T18
1968	Wiedergutmachungen	1,80	Mrd. DM	1,94	3,49	Mrd. €	T19
1969	Wiedergutmachungen	1,50	Mrd. DM	1,90	2,85	Mrd. €	T20
1970	Wiedergutmachungen	1,81	Mrd. DM	1,84	3,33	Mrd. €	T21
1971	Wiedergutmachungen	1,60	Mrd. DM	1,75	2,80	Mrd. €	T22
1972	Wiedergutmachungen	1,90	Mrd. DM	1,66	3,15	Mrd. €	T23
1973	Wiedergutmachungen	1,88	Mrd. DM	1,55	2,91	Mrd. €	T24
1974	Wiedergutmachungen	1,88	Mrd. DM	1,45	2,73	Mrd. €	T25
1975	Wiedergutmachungen	2,50	Mrd. DM	1,38	3,45	Mrd. €	T26
1976	Wiedergutmachungen	1,80	Mrd. DM	1,31	2,36	Mrd. €	T27
1977	Wiedergutmachungen	1,70	Mrd. DM	1,26	2,14	Mrd. €	T28
	Zwischensummen	**52,27**	**Mrd. DM**		**107,35**	**Mrd. €**	

Jahr	Verwendungszweck	Ausgabe	Währung	Umrechnungsfaktor nach Kaufkraft	Ausgabe nach Kaufkraft	Mrd. €	Quellen
1978	»Die Abendpost« meldete 1978, eine bisherige Wiedergutmachungsleistung von 58,14 Mrd. DM. Ausgleichsbetrag 5,87 Mrd. DM (Faktor Durchschnitt)	5,87	Mrd. DM	1,73	10,16	Mrd. €	T77
1978	Wiedergutmachungen	1,75	Mrd. DM	1,23	2,15	Mrd. €	T29
1979	Wiedergutmachungen	1,51	Mrd. DM	1,18	1,78	Mrd. €	T30
1980	Wiedergutmachungen	2,10	Mrd. DM	1,12	2,35	Mrd. €	T31
1981	Wiedergutmachungen	1,79	Mrd. DM	1,05	1,88	Mrd. €	T32
1982	Wiedergutmachungen	2,23	Mrd. DM	1,00	2,23	Mrd. €	T33
1983	Wiedergutmachungen	2,22	Mrd. DM	0,97	2,15	Mrd. €	T34
1984	Wiedergutmachungen	2,09	Mrd. DM	0,95	1,99	Mrd. €	T35
1985	Wiedergutmachungen	1,98	Mrd. DM	0,93	1,84	Mrd. €	T36
1986	Wiedergutmachungen	2,00	Mrd. DM	0,93	1,86	Mrd. €	T37
	Zwischensummen	**75,81**	**Mrd. DM**		**135,74**	**Mrd. €**	
1986	Der Drucksache 11/701 des Deutschen Bundestages ist eine bisherige Wiedergutmachungsleistung von 78,7 Mrd. DM. Ausgleichsbetrag 2,89 Mrd. DM (Faktor Durchschnitt)	2,89	Mrd. DM	1,04	3,01	Mrd. €	T78
1987	Wiedergutmachungen	1,87	Mrd. DM	0,93	1,74	Mrd. €	T38
1988	Wiedergutmachungen	1,82	Mrd. DM	0,91	1,66	Mrd. €	T39
1989	Wiedergutmachungen	1,74	Mrd. DM	0,89	1,55	Mrd. €	T40
1990	Wiedergutmachungen	1,72	Mrd. DM	0,87	1,50	Mrd. €	T41
1991	Entschädigungsleistungen für die Opfer des NS-Unrechts	1,80	Mrd. DM	0,84	1,51	Mrd. €	T42
1992	Wiedergutmachungen	1,67	Mrd. DM	0,80	1,34	Mrd. €	T43
1993	Wiedergutmachungen	1,99	Mrd. DM	0,78	1,55	Mrd. €	T44
1994	Wiedergutmachungen	2,17	Mrd. DM	0,76	1,65	Mrd. €	T45
1995	Wiedergutmachungen	3,08	Mrd. DM	0,74	2,28	Mrd. €	T46
1996	Wiedergutmachungen	2,89	Mrd. DM	0,73	2,11	Mrd. €	T47
1997	Wiedergutmachungen	2,33	Mrd. DM	0,72	1,68	Mrd. €	T48
	Zwischensummen	**101,78**	**Mrd. DM**		**157,32**	**Mrd. €**	

Jahr	Verwendungszweck	Ausgabe	Währung	Umrechnungsfaktor nach Kaufkraft	Ausgabe nach Kaufkraft	Mrd. €	Quellen
1998	»Die Welt« meldete 1999, eine bisherige Wiedergutmachungsleistung von 104 Mrd. DM. Ausggleichsbetrag 2,22 Mrd. DM (Faktor Durchschnitt)	2,22	Mrd. DM	0,82	1,82	Mrd. €	T96
1998	Wiedergutmachungen	4,00	Mrd. DM	0,71	2,84	Mrd. €	T49
1999	Wiedergutmachungen	2,81	Mrd. DM	0,71	2,00	Mrd. €	T51
2000	Wiedergutmachungen	1,20	Mrd. DM	0,7	0,84	Mrd. €	T52
2001	Entschädigung für Opfer nationalsozialistischer Verfolgung	1,08	Mrd. DM	0,68	0,73	Mrd. €	T54
2001	Erstattung an die BfA für Entschädigungsrenten an Opfer des NS in der ehem. DDR	0,07	Mrd. DM	0,68	0,05	Mrd. €	T55
	Zwischensummen	**113,16**	**Mrd. DM**		**165,60**	Mrd. €	
2002	**Euroumrechnung (ohne Kaufkraft):**	***57,86***	**Mrd. €**	**Euro (mit Kaufkraft)**	***165,60***	**Mrd. €**	
2002	Wiedergutmachungen	0,91	Mrd. €	1,32	1,20	Mrd. €	T57
2003	Wiedergutmachungen	0,87	Mrd. €	1,31	1,14	Mrd. €	T58
2004	Leistungen der öffentlichen Hand auf dem Gebiet der Wiedergutmachung	0,97	Mrd. €	1,29	1,25	Mrd. €	T59
2005	Wiedergutmachungen	0,76	Mrd. €	1,27	0,97	Mrd. €	T60
2006	Wiedergutmachungen	0,76	Mrd. €	1,25	0,95	Mrd. €	T61
2007	Wiedergutmachungen	0,72	Mrd. €	1,22	0,88	Mrd. €	T62
2008	Wiedergutmachungen	0,89	Mrd. €	1,19	1,06	Mrd. €	T63
2009	Wiedergutmachungen	0,91	Mrd. €	1,18	1,07	Mrd. €	T64
2010	Wiedergutmachungen	0,87	Mrd. €	1,17	1,02	Mrd. €	T65
2011	Leistungen der öffentlichen Hand auf dem Gebiet der Wiedergutmachung	0,96	Mrd. €	1,15	1,10	Mrd. €	T66
2012	Wiedergutmachungen	0,88	Mrd. €	1,12	0,99	Mrd. €	T67
2013	Wiedergutmachungen	0,95	Mrd. €	1,11	1,05	Mrd. €	T68
2014	Wiedergutmachungen	0,93	Mrd. €	1,1	1,02	Mrd. €	T69
2015	Wiedergutmachungen	1,04	Mrd. €	1,09	1,13	Mrd. €	T70
2016	Wiedergutmachungen	1,11	Mrd. €	1,09	1,21	Mrd. €	T71
	Zwischensummen	**71,39**	**Mrd. €**		**181,65**	**Mrd. €**	

Jahr	Verwendungszweck	Ausgabe	Währung	Umrech-nungs-faktor nach Kaufkraft	Ausgabe nach Kaufkraft	Mrd. €	Quellen
2016	Der Drucksache WD 4-3000-083/17 des Wissenschaftlichen Dienstes des Deutschen Bundestages ist eine bisherige Wiedergutmachungs-leistung (Stand 31.12.2016) von 74,51 Mrd. €. Ausggleichsbetrag 3,12 Mrd. Euro (Faktor Durchschnittswert)	3,12	Mrd. €	1,19	3,71	Mrd. €	T97
2017	Wiedergutmachungen	1,09	Mrd. €	1,07	1,17	Mrd. €	T72
2018	Entschädigung für Opfer nationalsozialistischer Verfolgung	0,77	Mrd. €	1,05	0,81	Mrd. €	T73
2019	Leistungen der öffentlichen Hand auf dem Gebiet der Wiedergutmachung	1,11	Mrd. €	1,04	1,15	Mrd. €	T74
2020	Entschädigung für Opfer nationalsozialistischer Verfolgung	1,14	Mrd. €	1,03	1,17	Mrd. €	T75
2021	Entschädigung für Opfer nationalsozialistischer Verfolgung	1,53	Mrd. €	1	1,53	Mrd. €	T76
2022	Wiedergutmachung (Haushaltsentwurf)	1,35	Mrd. €	1	1,35	Mrd. €	T98
2023	Wiedergutmachung (Haushaltsentwurf)	1,43	Mrd. €	1	1,43	Mrd. €	T99
	Zwischensummen	**82,93 €**	**Mrd. €**		**193,97 €**	**Mrd. €**	

X. Inoffizielle und geheime Wiedergutmachungsleistungen nach 1949

Jahr	Verwendungszweck	Ausgabe	Währung	Umrech-nungs-faktor nach Kaufkraft	Ausgabe nach Kaufkraft	Mrd. €	Quellen
1956	Beginn der geheimen Waffenlieferungen als Wiedergutmachung an Israel bis 1965	0,16	Mrd. DM	2,07	0,33 €	Mrd. €	T212
1965	110 Panzer	0,03	Mrd. DM	2,07	0,06 €	Mrd. €	T207
1965	6 Schnellboote	0,08	Mrd. DM	2,07	0,17 €	Mrd. €	T208
1965	6 franz. Hubschrauber	0,04	Mrd. DM	2,07	0,08 €	Mrd. €	T209
1965	2 brit. U-Boote (Anteil)	0,03	Mrd. DM	2,07	0,06 €	Mrd. €	T210
1965	Panzerersatzteile (Anteil)	0,01	Mrd. DM	2,07	0,02	Mrd. €	T211
1965	2 Flakbatterien, 42 Transportflugzeuge, 24 Schulflugzeuge, 10 Verbindungsflugzeuge, 500 LKWs, 470 Anhänger, 1600 Panzerabwehrraketen.150	0,24	Mrd. DM	2,07	0,50	Mrd. €	T213
1967	Gasmasken und LKWs (Wert unbekannt)						
1976-1977	Drei U-Boote der GAL-Klasse (Wert unbe.)						
1991	Rüstungsgüter aus NVA-Beständen. (Wert unb.)						
1990-2001	Diverse Kriegswaffen ohne U-Boote	0,06	Mrd. DM	0,9	0,05	Mrd. €	T214
1991	Patriot Luftabwehr	0,17	Mrd. DM	0,84	0,14	Mrd. €	T201
1999/2000	3 U-Boote (Anteil)	1,10	Mrd. DM	0,71	0,78	Mrd. €	T202
	Zwischensummen	**1,92**	**Mrd. DM**		**2,20**	**Mrd. €**	
2002	**Euroumrechnung (ohne Kaufkraft):**	**0,98**	**Mrd. €**	**Euro (mit Kaufkraft)**	**2,20**	**Mrd. €**	
2012/2013	2 U-Boote (Anteil)	0,33	Mrd. €	1,12	0,37	Mrd. €	T203
2020/2021	4 Korvetten Sa'ar6-Klasse (Anteil)	0,11	Mrd. €	1	0,11	Mrd. €	T205
2022	1 U-Boot (Anteil)	0,14	Mrd. €		0,00	Mrd. €	T204
2022-2027	3 U-Boote (Anteil)	0,57	Mrd. €	1	0,57	Mrd. €	T206
	Übertrag offizielle Wiedergutmachungs-leistungen	**82,93**	**Mrd. €**		**193,97**	**Mrd. €**	
	Zwischensummen	**85,06**	**Mrd. €**		**197,22**	**Mrd. €**	

XI. Bisher nicht berücksichtigte Reparations- und Besatzungskosten seit 1945

Jahr	Verwendungszweck	Ausgabe	Währung	Umrechnungsfaktor nach Kaufkraft	Ausgabe nach Kaufkraft	Mrd. €	Quellen
1945	Offizielle Besatzungskosten	2,03	Mrd. DM	3,9	7,92 €	Mrd. €	T110
1946	Offizielle Besatzungskosten	5,07	Mrd. DM	3,5	17,75 €	Mrd. €	T111
1947	Offizielle Besatzungskosten	5,53	Mrd. DM	3,3	18,25 €	Mrd. €	T112
1948	Offizielle Besatzungskosten	4,59	Mrd. DM	2,65	12,16 €	Mrd. €	T104
1949	Offizielle Besatzungskosten	3,90	Mrd. DM	2,68	10,45 €	Mrd. €	T105
1950	Offizielle Besatzungskosten	3,76	Mrd. DM	2,86	10,75 €	Mrd. €	T106
1951	Offizielle Besatzungskosten	4,72	Mrd. DM	2,64	12,46 €	Mrd. €	T107
1952	Offizielle Besatzungskosten	3,12	Mrd. DM	2,61	8,14 €	Mrd. €	T108
1953	Offizielle Besatzungskosten	5,59	Mrd. DM	2,66	14,87 €	Mrd. €	T101
1954	Offizielle Besatzungskosten	5,75	Mrd. DM	2,64	15,18 €	Mrd. €	T102
1955	Offizielle Besatzungskosten	3,83	Mrd. DM	2,61	10,00 €	Mrd. €	T103
	Zwischensummen	**47,89**	**Mrd. DM**		**137,93 €**	**Mrd. €**	
1956	Der Bundesminster der Finanzen, Fritz Schäfer sprach von etwa 60 Mrd. Besatzungskosten von 1949-1955. Differenz = 27,72 DM	12,02	Mrd. DM	2,67	32,09 €	Mrd. €	T104
1957	Stationierungskosten fremder Truppen	2,16	Mrd. DM	2,48	5,36 €	Mrd. €	T114
1958	Stationierungskosten fremder Truppen	0,70	Mrd. DM	2,43	1,70 €	Mrd. €	T115
1959	Stationierungskosten fremder Truppen	0,78	Mrd. DM	2,4	1,87 €	Mrd. €	T116
1960	Stationierungskosten fremder Truppen	0,62	Mrd. DM	2,37	1,47 €	Mrd. €	T117
1961	Stationierungskosten fremder Truppen	0,44	Mrd. DM	2,32	1,02 €	Mrd. €	T118

Jahr	Verwendungszweck	Ausgabe	Währung	Umrech-nungs-faktor nach Kaufkraft	Ausgabe nach Kaufkraft	Mrd. €	Quellen
1962	Stationierungskosten fremder Truppen	0,54	Mrd. DM	2,25	1,22 €	Mrd. €	T119
1963	Stationierungskosten fremder Truppen	0,39	Mrd. DM	2,19	0,85 €	Mrd. €	T120
1964	Stationierungskosten fremder Truppen	0,46	Mrd. DM	2,14	0,98 €	Mrd. €	T121
1965	Stationierungskosten fremder Truppen	0,50	Mrd. DM	2,07	1,04 €	Mrd. €	T122
1966	Stationierungskosten fremder Truppen	0,54	Mrd. DM	2	1,08 €	Mrd. €	T123
1967	Stationierungskosten fremder Truppen	0,56	Mrd. DM	1,79	1,00 €	Mrd. €	T124
1968	Stationierungskosten fremder Truppen	0,48	Mrd. DM	1,94	0,93 €	Mrd. €	T125
1969	Stationierungskosten fremder Truppen	0,34	Mrd. DM	1,9	0,65 €	Mrd. €	T126
1970	Stationierungskosten fremder Truppen	0,61	Mrd. DM	1,84	1,12 €	Mrd. €	T127
1971	Stationierungskosten fremder Truppen	0,64	Mrd. DM	1,75	1,12 €	Mrd. €	T128
1972	Stationierungskosten fremder Truppen	0,69	Mrd. DM	1,66	1,15 €	Mrd. €	T129
1973	Stationierungskosten fremder Truppen	0,80	Mrd. DM	1,55	1,24 €	Mrd. €	T130
1974	Stationierungskosten fremder Truppen	0,84	Mrd. DM	1,45	1,22 €	Mrd. €	T131
1975	Stationierungskosten fremder Truppen	0,92	Mrd. DM	1,36	1,25 €	Mrd. €	T132
1976	Stationierungskosten fremder Truppen	0,94	Mrd. DM	1,31	1,23 €	Mrd. €	T133
1977	Stationierungskosten fremder Truppen	0,97	Mrd. DM	1,26	1,22 €	Mrd. €	T134
1978	Stationierungskosten fremder Truppen	1,09	Mrd. DM	1,23	1,34 €	Mrd. €	T135
1979	Stationierungskosten fremder Truppen	1,13	Mrd. DM	1,18	1,33 €	Mrd. €	T136
1980	Stationierungskosten fremder Truppen	1,32	Mrd. DM	1,12	1,48 €	Mrd. €	T137
1981	Stationierungskosten fremder Truppen	1,40	Mrd. DM	1,05	1,47 €	Mrd. €	T138
1982	Stationierungskosten fremder Truppen	1,46	Mrd. DM	1	1,46 €	Mrd. €	T139
1983	Stationierungskosten fremder Truppen	1,55	Mrd. DM	0,97	1,50 €	Mrd. €	T140
1984	Stationierungskosten fremder Truppen	1,63	Mrd. DM	0,95	1,55 €	Mrd. €	T141

Jahr	Verwendungszweck	Ausgabe	Währung	Umrech-nungs-faktor nach Kaufkraft	Ausgabe nach Kaufkraft	Mrd. €	Quellen
1985	Stationierungskosten fremder Truppen	1,71	Mrd. DM	0,93	1,59 €	Mrd. €	T142
1986	Stationierungskosten fremder Truppen	1,77	Mrd. DM	0,93	1,65 €	Mrd. €	T143
1987	Stationierungskosten fremder Truppen	1,81	Mrd. DM	0,93	1,68 €	Mrd. €	T144
1988	Stationierungskosten fremder Truppen	1,81	Mrd. DM	0,91	1,65 €	Mrd. €	T145
1989	Stationierungskosten fremder Truppen	1,82	Mrd. DM	0,91	1,66 €	Mrd. €	T146
1953-1977	Kriegsentschädigungen im Rahmen des Londoner Schuldenabkommen (I. + II. WK) abzüglich erhaltene Kredite aus dem Marshal-Plan	9,81	Mrd. DM		19,72 €	Mrd. €	
	Zwischensummen	**103,14**	**Mrd. DM**		**236,82**	**Mrd. €**	
2002	**Euroumrechnung (ohne Kaufkraft):**	**52,73**	**Mrd. €**	**Euro (mit Kaufkraft)**	**236,82**	**Mrd. €**	
1990-2024	Stationierungskosten fremder Truppen in Deutschland (2021-2024 geplan)	4,26	Mrd. €	1	4,26 €	Mrd. €	T113
	Übertrag offizielle und Inofizielle Wiedergutmachungs-leistungen	**85,06**	**Mrd. €**		**197,22**	**Mrd. €**	
	Summen	**142,05**	**Mrd. €**		**438,30**	**Mrd. €**	

Zusammenfassend kommen wir auf folgende Beträge:

Reparationen Erster Weltkrieg	**309.336.645.399 Euro**
Reparationen Zweiter Weltkrieg (Besatzungszonen)	**734.646.000.000 Euro**
Wiedergutmachungsleistungen nach 1945	**438.300.000.000 Euro**

	1.482.282.645.399 Euro

Eine Billion, viehundertzweiundachtig Milliarden, zweihundertzweiundachtig Millionen, sechshundertfünfundvierzig Tausend, dreihundertneunundneunzig Euro.

Zum Vergleich:

Die Gesamtleistungen des Bundes an Kindergeld bertrugen im Jahr 2021 genau 47,6 Milliarden Euro. Umgerechnet betragen die Reparationen/Wiedergutmachungen ca. 30 Jahre lang das gesamte ausgezahlte Kindergeld in der Bundesrepublik Deutschland nach aktuellen Zahlen.

Und diese Aufstellung ist bei weitem nicht vollständig. So tauchen im Bundeshaushalt 2018 ca. 16 Millionen Euro Ausgaben unter der Position 685 01-249 auf Seite 176 auf mit dem Titel »Kosten der Erhaltung deutscher Kriegsgräber im Ausland **sowie der Gräber von Personen, die infolge nationalsozialistischer Verfolgung ausgewandert und im Ausland verstorben sind«**. Also alles gut versteckt, was eine Auseinanderrechnung fast unmöglich macht. Allein der Band 2 des Bundeshaushaltes der Bundesrepublik Deutschland umfasst 1755 Seiten, was die Unmöglichkeit noch unterstreicht.

Auch die Beschenkung Israels mit Kriegswaffen als Form einer Wiedergutmachung ist nicht restlos aufzuklären, weil es sich hier vielfach um Geheimabkommen und verschleierte Lieferwege handelt, die bis heute nicht vollständig aufgeklärt sind. Auch die Bemessungsgrundlage ist schwierig, weil nicht deutlich wird, welche Waffen Schenkungen und welche in die Kategorie Kriegswaffenhandel fallen. Nebenbei gab es noch eine Art Austauschprogramm von erbeuteten Kriegswaffen, um Feinde auszuspionieren.

Dies sind nur einige Beispiele die deutlich machen, dass unsere Aufstellung nicht vollständig sein kann.

Abschließend noch der Hinweis, dass wir das ermittelte Ergebnis noch um das X-fache hätten erhöhen können, wenn wir andere Umrechnungsfaktoren als den Kaufkraftfaktor gewählt hätten. So z.B. die Umrechnung in Gold, die letztendlich nur hätte falsch sein können. Deswegen haben wir uns auf die mittlerweile allgemeingültige Umrechnung mit dem Kaufkraftvergleich festgelegt. Die Summe klingt nun zwar nicht so reißerisch wie die einer Goldberechnung, aber dafür realistischer.

XII. Das Letzte: Und immer wieder Reparationsforderungen ohne Ende

03.02.2015:	Russische Abgeordnete fordern eine Neuberechnung der Kriegsschäden, die Deutschland im Zweiten Weltkrieg verursacht habe. Die Reparationsforderungen sollen mindestens drei bis vier Billionen betragen.[31)]
29.08.2019:	Griechenland fordert von Deutschland Verhandlungen über Reparationen für unter deutscher Besetzung während des Zweiten Weltkriegs erlittenen Schäden.[28)] Dabei geht es um Reparationen in Milliardenhöhe.
05.04.2021:	Griechenland besteht erneut auf Forderung nach Reparationen dabei geht es um mindestens 289 Milliarden Euro.[29)]
30.06.2021:	Seit Jahren verhandelte Deutschland mit Namibia über ein Aussöhnungsabkommen, das die kolonialen Gewalttaten an Herero und Nama im damaligen Deutsch-Südwestafrika als Völkermord anerkennt und eine Entschuldigung für das Verbrechen mit finanziellen Hilfen verbindet.[32)]
06.09.2022:	Auf mehr als 1,3 Billionen Euro beziffert Polen die von Deutschland im Zweiten Weltkrieg angerichteten Schäden und fordert dafür von Deutschland Entschädigung.[30)]

Vielleicht ist es an der Zeit über die polnische Westgrenze und somit über die Deutschen Ostgebiete wie zum Beispiel West- und Ostpreußen, Schlesien und Posen zu sprechen! Auch in Richtung Russland sollte vielleicht die Frage nach dem russisch besetzten Ostpreußen offen bleiben!

Anhang

In den Westzonen, der späteren Bundesrepublik sollten folgende Betriebe, oder Teile der Betriebe demontiert werden.

Nordrhein-Westfalen:

1. Aerostahl GmbH, Eichscheid, Theodor Rings, Königswinter
2. G. Albert GmbH, Wuppertal-Barmen
3. Alfred Berning, Maschinenbau AG, Schwelm
4. Arntzen Leichtbau, Brackwede
5. Baronia-Fahrzeugfabrik (Heidemann & Co.), Kachtenhausen
6. Bergisch-Märkische Eisenwerke, Werk Nummer 3, Velbert,
7. Beyer und Klophaus, Schwelm,
8. Bismarck-Werke AG, Wuppertal-Ronsdorf,
9. Bochumer Verein für Gußstahlfabrikation AG, Langendreer
10. Bochumer Verein für Gußstahlfabrikation AG, Bochum
11. Bochumer Verein für Gußstahlfabrikation AG (Edwin Dranz-Werke),
12. Bochumer Verein für Gußstahlfabrikation AG (Jöllenbeck- Werke), Jöllenbeck
13. Dr. Ing. Böhme, Minden
14. Boucke GmbH, Wipperfürth
15. Dortmund-Hoerder Hüttenverein AG, Asphalt-Werk Nr. 2, Dortmund-Hörde
16. Dürkopp-Maschinenbau GmbH, Künselbeck in der Nähe von Bielefeld
17. Dynamit AG, Förde in der Nähe von Grevenbrück
18. Eisenwerke Weserhütte AG, Bad Oeynhausen
19. Eisenwerke Weserhütte AG, Weserstollen, Dehme, Kreis Minden
20. Espera-Werke AG, Wilhelm Rheinhuld, Wanne-Eickel
21. Espenlaub-Flugzeugbau, Wuppertal-Langerfeld
22. Fritz Busemann Komm Ges., Gütersloh
23. Graßmann KG, Bielstein
24. Hindrichs und Affermann AG, Werk 1, Wupper7al-Barmen
25. Honsel-Werke AG, Meschede
26. Kagel-Betrieb, Lengerich, Tecklenburg
27. Kieserling und Albrecht-Werke Nr. 2, Solingen-Ohligs,
28. Friedr. Krupp AG, Gußstahlfabrik, Essen
29. Lippstädter Eisen- und Metallwerke GmbH (Nord und Südwerke), Lippstadt

30. Ludwig Hansen & Co., Münster
31. Oskar Schneider GmbH, Leichlingen,
32. Peschke, Flugzeugwerke GmbH, Minden,
33. Rheinmetall-Borsig AG, Düsseldorf-Derendorf,
34. Karl Rinker, Waffenfabrik, Menden
35. Ruhrmetallwarenfabrik GmbH, Neheim-Huesten, Kreis Arnsberg,
36. Ruhrstahl AG, Witten
37. Poenstorff GmbH, Horn bei Detmold,
38. Union Robert Temme & Co. (früher Union Sils van der Loo), Werl bei Münster
39. Veltrup-Werke AG, Weil bei Münster
40. Veltrup-Werke AG, Barkhausen, Kreis Minden
41. Veltrup-Werke AG, Aachen
42. Vereinigte Deutsche Nickelwerke AG (früher Metallwerke Wandhafen GmbH), Schwerte in Westfalen
43. Wimab, Wittener Maschinenbaugesellschaft, Witten
46. Bochumer Verein für Gußstahlfabrikation AG, Gußstahl-Werk Bochum
47. Deutsche Edelstahlwerke AG, Reinholdhütte, Krefeld-Linn
48. Deutsche Edelstahlwerke' AG, Krefeld
49. Deutsche Edelstahlwerke AG, Willichwerke (Niederrhein)
44. Hüttenwerke Siegerland AG, Niederschieden (Siegl.), Teilwerk
45. Klöckner-Werke AG, Troisdorf, Teilwerk
50. Deutsche Edelstahlwerke AG, Hochfrequenz-Tiegelstahl GmbH, Bochum
51. Harkort-Eicken, Edelstahlwerke GmbH, Wetter-Ruhr
52. Klöckner-Werke AG, Düsseldorfer Werke, Düsseldorf
53. Friedr. Krupp AG, Gußstahlfabrik, Essen. Teil der Anlagen
54. Friedr. Krupp AG, Borbecker Werke, Essen-Dellwig
55. Mannesmannröhren-Werke. Abteilung Grillo-Funke, Gelsenkirchen-Schalke
56. Rheinmetall-Borsig AG, Rather Werke. Düsseldorf-Rath
57. Ruhrstahl AG, Henrichshütte, Hattingen. Teil der Anlagen
58. Ruhrstahl AG, Annener Gußstahlwerke, Witten Annen.
59. August Thyssen-Hütte AG, Hütte Bruckhausen, Duisburg-Hamborn
60. August Thyssen-Hütte AG, Niederrheinische Hütte, Duisburg-Hochfeld,
61. Bergische Stahlindustrie, Remscheid
62. Gebrüder Bohler & Go. AG, Edelstahlwerk, Düsseldorf Oberkassel
63. Dortmund-Hoerder Hüttenverein AG, Horde Werke, Dortmund Hörde

64. Deutsche Eisenwerke AG, Friedrich-Wilhelm Hütte, Mülheim Ruhr
65. Geisweider Eisenwerke AG, Geisweid, Kreis Siegen.
66. Hoesch AG, Dortmund
67. Klöckner-Werke AG, Haspe-Werke, Hagen-Haspe
68. Mannesmannröhren-Werke, Heinrich-Bierwes-Hütte, Abteilung Duisburg-Huckingen
69. Bergisch-Märkische Eisenwerke, Franz Metzger Nr. 1, Velbert
70. Baumgart, Joachim, Stahl- und Tempergießerei, Tönisheide
71. Breitenbach, Ed. GmbH, Weidenau (Sieg). Teil der Anlagen
72. Deutsche Eisenwerke AG, Schalker Verein, Gelsenkirchen
73. Deutsche Eisenwerke AG, Hildener Werke, Hilden. Teil der Anlagen
74. Eisenwerk Milspe, Dr. Ing. Karl Weicken, Milspe. Teil der Anlagen
75. Eisenwerk Wanheim GmbH, Duisburg- Wanheim. Teil der Anlagen
76. Elektrostahlwerk Wald GmbH, Solingen-Wald
77. Engels, August, GmbH, Velbert. Teil der Anlagen
78. Gontermann-Peipers AG, Abteilung Marienborn. Siegen
79. Gontermann-Peipers AG, Abteilung Hain, Siegen
80. Gußstahlwerk Wittmann AG, Hagen-Haspe
81. Koch's Adlernähmaschinenwerke AG, Bielefeld.
82. Irle, Hermann, GmbH, Deuz, Kreis Siegen
83. Stahlwerk Mark Wengern AG, Wengern (Ruhr)
84. Andernach und Bleck, Hagen-Halden
85. Bandeisen Walzwerk AG, Dinslaken,
86. Bauermann & Söhne, Hilden,
87. Wilhelm Berg, Altena
88. Bochumer Verein für Gußstahlfabrikation AG, Hoentrop-Werke, Bochum-Hoentrop
89. Bochumer Verein für Gußstahlfabrikation AG, Stahl-Industrie, Bochum
90. Bremshey & Co., Solingen Ohligs,
91. Deutsche Röhrenwerke AG, Hilden-Werke, Hilden
92. Deutsche Röhrenwerke AG, Poensgen-Werke, Düsseldorf-Lierenfeld
93. Deutsche Röhrenwerke AG, Thyssen-Werke, Mülheim (Ruhr)
94. Dortmund Hoerder Hüttenverein, Dortmunder Werke, Dortmund
95. Einsaler Walzwerke, Einsal
96. Eisenwerk Rote Erde, GmbH, Dortmund
97. Gutehoffnungsbütte Oberhausen AG, (GHH) Oberhausen
98. Hermes, Rob. GmbH, Solingen.
99. Hiltruper Röhrenwerk GmbH, Hiltrup
100. Hoesch AG, Hohenlimburg

101. Wilhelm vom Hofe, Draht- und Federwerk, Altena
102. Kaltwalzwerk Plettenberg, Brockhaus & Söhne, Plettenberg
103. Kortenbach & Raur, Solingen Weyer
105. Kronprinz AG für Metallindustrie, Werk Hilden
106. Lenzen, P. W. Hohenlimburg
107. Mannesmannröhren-Werke, Düsseldorf-Rath
108. Mannesmannröhren-Werke, Witten (Ruhr)
109. Meyer, Friedrich, Eisen und Stahlindustrie, Dinslaken
110. Preß- und Walzwerke AG. Düsseldorf Reisholz
111. Reiche & Co., Zieh und Stanzwerke. Lage (Lippe)
112. Rohr- und Walzwerk Fr. Uebemann, Pulheim (Bez. Köln)
113. Schmiedag AG, Grünthal, Hagen.
111. Siepmann-Werke AG, Beleck (Möhne)
115. Union Robert Temme & Co., Fröndenberg (Ruhr)
116. Walz- und Röhrenwerke GmbH, Haan
117. Westfälische Drahtindustrie, Hamm
118. Wickede Eisen- und Stahlwerk GmbH, Wickede (Ruhr)
119. Wuragröhr GmbH. Wickede (Ruhr)
120. Zieh- und Preßwerk, Carl Froh, OHG, Hachen
121. Honsel-Werke AG, Meschede
122. Eduard Hueck, Elspe, Lüdenscheid
123. R. Rautenbach, Solingen
121. Westfälische Kupfer- und Messingwerke, Lüdenscheid
125. AG für Stickstoff-Dünger, Knapsack
126. Blumberg & Co., Lintorp
127. Dynamit AG, Schlebusch
128. Dynamit AG. Troisdorf
129. Henkel & Cie, GmbH, Düsseldorf
130. IG Farbenindustrie AG, Dormagen
131. IG Farbenindustrie AG, Elberfeld
132. IG Farbenindustrie AG, Holten-Werk
133. IG Farbenindustrie AG, Leverkusen
131. IG Farbenindustrie AG, Uerdingen
135. IG Farbenindustrie AG, Zweckel
136. IG Sauerstoffwerk, Duisburg
137. Kabelwerk Duisburg, Abteilung Zünderfabrik, Mülheim
138. OXO-Gesellschaft mbH, Oberhausen
139. Pyrotechnische Fabrik Hans Moog, Wuppertal
140. Pyrotechnisches Laboratorium W. Norres, Dorsten
141. V.D.M. Halbzeugwerke Sprengkapselfabrik, Leverkusen

142. Vereinigte Zünder- und Kabelwerke, Lage in Lippe
143. Wecke, Ferd. Nachf., Wuppertal
144. Achenbach und Söhne, Buschhütten
145. Achenbach und Söhne, Plettenberg-Ohle
146. Arendt, W., Maschinenfabrik, Köln-Niehl
147. Aufzugbau Losenhausenwerk, Düsseldorf-Heerdt
148. Autogenwerk Sirius, Düsseldorf
149. Bauer, Viktor, Maschinenfabrik, Troisdorf bei Köln
150. Baumaschinenfabrik Bünger AG, Düsseldorf
151. Gebrüder Becker GmbH, Wuppertal Wicklinghausen
152. Gebrüder Bender, Ferndorf
153. Benninghoven, Hilden.
154. Bergtechnik GmbH
165. Berrenberg, Franz, Haan
156. Beumer, Bernhard, Beckum
157. Bilstein, August, Altenvoerde
158. Bischoff Werke KG, Recklinghausen
159. Böcher, Hermann, Maschinenfabrik, Köln-Kalk
160. Boucke & Co., Halver
161. Brand, Joseph, Duisburg Hamborn
162. Budich, Gladbeck.
163. Bürstinghaus, Arnold, Engelskirchen
164. Christgen, J., Dortmund Horde
165. Chronos-Werk, Reuther und Reiser! KG, Hennef, Sieg
166. Demag AG, Wetter (Ruhr).
167. Demag AG, Duisburg
168. Demag GmbH, Düsseldorf-Benrath
169. Deutsche Hebezeugfabrik, Puetzer de Fries AG, Düsseldorf
170. Deutsche Spiralbohrer- und Werkzeug GmbH, Remscheid Vieringhausen
171. Doerken AG, Gevelsberg
172. Dorstener Eisengießerei und Maschinenfabrik, Hervest, Dorsten
173. Dortmunder Union, Brückenbau, Crange. Gelsenkirchen
171. Duerholdt, Wuppertal-Barmen
175. Eger-Maschinenfabrik, Werl
176. Eichelnberg & Co., GmbH, Iserlohn
177. Eisenwerk Hugo Brauns, Dortmund
178. Eisenwerke Weserhütte, Bad Oeynhausen
179. Eisen- und Metallwerk, Ergste
180. Erboe, Maschinenbau, Haßlinghausen

181. Gebr. Fuchs, Haan
182. Geierwerke (Upmeier), Lengerich
183. F. Geldbach, Gelsenkirchen
181. Gertges & Co., Homberg
185. Gewerkschaft Eisenhütte Westfalia, Lünen
186. H. Gimbel & Co., Buschhütten, Kreis Siegen
187. Leo Gottwald KG, Düsseldorf
188. Gräbener, Theo, Siegen
189. W. Grasse, Rheme-Minden
190. Großmann, H. G., Dortmund
191. J. P. Grueber, Hagen
192. H. Grunewald, Hilchenbach
193. Gutehoffnungshütte Oberhausen AG, (Haniel & Lueg), Düsseldorf-Gräfenberg
194. Gutehoffnungshntte Oberhausen AG, Oberhausen-Sterkrade
195. Hallbach, Braun & Co., Wuppertal
196. Karl Hamcher, Wattenscheid.
197. Hammelrath & Schwenzer, Düsseldorf
198. Hammelsbeck, Rodenkirchen.
199. Hasenclever AG, Maschinenfabrik, Düsseldorf
200. Heider, P. W. & Co., Weidenau/Sieg, Netphen
201. Heinrichsglück (K. u M. Beth), Salchendorf, Neunkirchen
202. Held, Karl, Duisburg Hamborn
203. Herrinn, H. u. Sohn, Hesonwerk, Milspe.
204. Hese, Ernst, Herten
205. Hettner, Münstereifel
206. Heute, A. u. W., Schwelm
207. Huelsbeck & Fuerst, Velbert
208. Huenecke, Deutsche Gerätebau AG, Salzkotten
209. Indapp J. Volpert, Warstein
210. Ispording, E., Attendorf
211. Kehren & Hollweg, Hennef-Sieg
212. Kesselschmiede Amort, Kaan-Marienborn,
213. H. Kläßner, Gladbach
214. Klein und Söhne, GmbH, Kamen,
215. Klöckner-Humboldt-Deutz, Isselburg
216. Klöckner-Humboldt-Deutz, Köln-Deutz
217. Klöckner-Humboldt-Deutz, Köln-Kalk
218. Knapp, W., Wanne-Eickel
219. Köh, Ludwig, Siegen

220. Kölsch-Fölzer-Werke AG, Siegen
221. König & Co., Netphen
222. König, Joseph, Gelsenkirchen-Buer
223. Körver und Lersch, Krefeld
224. Köster, Hagen
225. Kötter, Otto, Wuppertal-Barmen
226. Krumm & Co., Remscheid-Lüttringhausen
227. Langbein, W., Bochum,
228. Lauf, Bungert und Winneberg, KG, Mülheim-Ruhr
229. Lennartz, Gustav, Remscheid-Osten
230. Lob, Albert, Maschinen und. Apparatebau, Düsseldorf
231. Gebr. Lödige, Paderborn
232. Losenhausenwerk, Düsseldorfer Maschinenbau AG. Düsseldorf Grafenberg
233. Luhn und Pulvermacher, Hagen-Haspe
231. Mark, Brennkraftmaschinen, Wegen-Ruhr
235. Elfried Mengel, Solingen-Merscheid
236. Messerfabrik Reinshagen, Reinscheid.
237. Mühleisen GmbH, Wuppertal-Sonnborn
238. Munk und Schmitz KG, Köln-Poll
239. Pellentz & Co, Welter Hebezeug, Köln-Ehrenfeld
240. Pleiger, P., Maschinenfabrik, Hammertal-Nord über Hattingen
241. Polinch & Co., Düsseldorf
242. Pollrich & Co., Mönchen-Gladbach
243. Reckling und Hoffmann, Eiserfeld
244. Reinery, Hagen
245. Rheinische Walzmaschinenfabrik, Köln-Ehrenfeld
246. Rhein-Kleineisenwerk A. Ruhfus, Neuß
247. Riester, Bochum-Linden
248. Rittinghaus, Söhne, Voßwinkel
249. Gebr. Rodenkirchen, Rodenkirchen
250. Roetelmann & Co., KG, Werdohl
251. Röhren- und Schweißwerke, vormals G. Kunze, Herne
252. Ruhrstahl AG, Witten-Ruhr
253. B. Ruthemeyer, Soest
254. Sack & Kieselbach, Düsseldorf
255. Albert Schäfer, Recklinghausen
266. Siebeck Metallwerk GmbH, Ratingen
257. Schenk & Liebe-Harkort, Düsseldorf
258. Schieß AG (Drefries), Düsseldorf

259. Schliefenbaum & Steinmetz, Weidenau-Siegen
260. P. Schmidt, Medebach
261. Schmitz & Stetten, Hagen
262. Schmitz & Appel, Wuppertal-Langerfeld
263. Schulte, W. O., KG, Plettenberg
264. Seelbach, H. & Co, Dahlbruch, Siegen
265. Seilfert & Co., Bochum
266. Siebeck Metallwerk GmbH, Ratingen
267. Siebel, W., Blechwarenfabrik, Freudenberg
268. Siegtaler Eisen- und Blechwarenfabrik, Eiserfeld/Sieg,
269. Slawinski & Co., Wiedenau/Sieg
270. Sepilcken, H., KG, Maschinenfabrik, Wuppertal Oberbarmen
271. Stahlwerke Bruninhaus, Werdohl,
272. Steinmann & Co., Hagen
273. Ludwig Steinmetz AG, Remscheid
274. Wilhelm Stolle KG, Bad Godesberg
275. Joseph Strack, Armaturenfabrik, Oberlar bei Troisdorf
276. Stratenwerth GmbH, Maschinenfabrik, Duisburg
277. J. D. Theile, Schwerte
278. Th. Tilemann, Gevelsberg
279. Toussaint & Hess, Düsseldorf
280. V. D. M. Motorenwerke GmbH (Halbzeugwerke), Altena
281. Geb. Vetter, Düsseldorf-Benrath
282. Vogel & Schemmann, Hagen-Kabel
283. Wagner & Co., Dortmund
281. Wagner, Heinrich, Lansphe
285. Waldrich-Werke, Siegen
286. Weberwerke, Siegen
287. Wengeler & Kalthoff, Blankenstein (Ruhr)
288. Wiemann, E., Bochum
289. Wilhelm, Rudolf, Essen-Altenessen
290. Wilhelmi, H., Mülheim Ruhr
291. Wilmann, R., Dampfkessel- und Apparatebau, Dortmund.
292. Wingerath, Hermann, Ratingen
293. Wüstenberg H., Jr., Balve, Kassel
294. Zimmermann & Jansen, GmbH, Dueren Roellsdorf

Niedersachsen:
295. Alfa-Werke, Alfeld-Leine
296. Bahre & Grethen, Springe

297. Bessert, Nettelbeck & Mertens KG, Hameln/Weser,
298. Brinker Eisenwerke GmbH, Werk Nr. 2, Langenhagen
299. Brinker Eisenwerke GmbH, Werk Nr. 2.2, Langenhagen
300. Brinker Eisenwerke GmbH, Werk Nr. 3, Langenhagen
301. Bruns, Bernhard, Bad Zwischenahn
302. Büssing NAG, Flugmotorenwerke GmbH, Querum bei Braunschweig,
303. Chemische Werke Harz Weser, Langelsheim/Harz
305. Deutsche Edelstahlwerke AG, Holzen bei Eschershausen, Kreis Holzminden
306. Deutsche Linoleum Schlüssel-Werke, Delmenhorst
307. Dynamit AG, Clausthal-Zellerfeld
308. Dynamit AG, Gempelde, Hannover, Munition.
309. Eltron-Werke, Holzminden
310. Engelhardt & Förster, Maschinenfabrik, Verden
311. Focke Wulf Flugzeugbau (Frankewerke), Hoyenkampf (Delmenhorst)
312. A. Frankewerke AG, Twistringen, Kreis Hoya
313. Franz Kaminski, Hameln/Weser
314. Friedrich Christoffers, Delmenhorst
315. Friedrich Krupp Stahlbau, Langenhagen
316 Füllanlage (Heeres-Muna), Clauen, Kreis Peine
317. Gewerkschaft Beharrlichkeit, Behmle, Osnabrück
318. Händler & Natermann, Hannoversch.-Münden
319. C. F. Hahnenberg, Leese-Weser
320. Haus Preiss GmbH, Hameln
321. Heeresmunitionsanstalt, Bodenteich, Uelzen
322. Heeresmunitionsanstalt, Celle in Scheuen
323. Heeresmunitionsanstalt, Gedenau, Ahlfeld
324. Heeresmunitionsanstalt, Ahrberge
325. Heeresmunitionsanstalt, Lehre
326. Heeresmunitionsanstalt, Graslehen über Helmstedt
327. Heeresmunitionsanstalt, Haningsen-Saline, Kreis Burgdorf,
328. Heeresinunitionsanstalt der Bürbach AG, Wittekind
329. E. Heinkel AG. Bad Gandersheim
330. Helmstedter Maschinenbau (Helmag), Helmstedt
331. Johann Ploen, Schierhorn
332. Karges Hammer, Gifhorn
333. Karl Ritscher, Sprötze
334. Kriegsmarinearsenal Aurich, Tannenhausen
335. Kurt Heber, Maschinen und Apparatefabrik, Osterode Harz
336. Lindener Eisen- und Stahlwerke GmbH. Linden

337. Lonalwerke GmbH, Leese
338. C. Lorenz AG, Holzen bei Eschershausen, Kreis Holzminden
339. Louis Goebler & Co., Peine Hannover
340. Luft-Hauptmunitionsanstalt Kukuksberg, Nienburg/ Weser,
341. Luft-Hauptmunitionsanstalt Hambuehren
342. Luft-Munitionsanstalt, Tramm Rickall bei Dannenberg
343. Luther & Jordan, Werk 3, Waggum, Braunschweig
344. Luther & Jordan, Werk Nr. 2, Bienrode bei Braunschweig
345. Luther & Jordan, Werk Nr. 1, Braunschweig
346. Luther & Jordan, Werk Nr. 4, Braunschweig
347. Maschinenfabrik Niedersachsen Hannover (MNH), GmbH, Werk Nr. 2, Laatzen
348. Maschinenfabrik Niedersachsen Hannover (MNH), GmbH, Linden
349. Maschinenfabrik Niedersachsen Hannover (MNH). GmbH, Ahlem Hannover
350. Mechanische Werkstätten für Kunststoffbearbeitung GmbH (frü her Hans-Günther Möller), Delmenhorst
351. Metallwerke Odertal GmbH, Odertal, Bad Lauterberg, Harz
352. Metallwerke Wolfenbüttel GmbH, Wolfenbüttel
353. Metallwerke Silberhütte GmbH, Werk 2, St. Andreasberg, Harz
354. Metallwerke Silberhütte GmbH, St. Andreasberg, Harz
355. Motorenwerk Varel,
356. Munitionsanstalt Lenglern, Göttingen
357. Oldenburger Leichtmetall, Oldenburg
358. Polte Werke, Duterstadt
359. Gebrüder Rentrop AG, Stadthagen
360. Rheimnetall-Borsig-AG, Unterlüß, Kreis Celle
361. Röchling & Buderus, Wetzler Werke, Mehle, Kreis Ahlfeld,
362. Schelter & Giesecke AG, Hoefer bei Celle
363. Schneider, J., Optische Werke, Göttingen-Wende
364. Sperrwaffenarsenal, Druhwald, Soltau
365. Sprengstoff Füllenlage, Dehlingen
366. Stahlwerke GmbH, Watenstedt, Braunschweig
367. Teuto-Metallwerke GmbH, Osnabrück
368. Klatte, Theodor, Weener-Emsland
369. Klatte, Theodor, Braul-Emsland
370. Union Robert Temme & Co. (ehemals Union Sils van der Loo), Ha meln
371. Vereinigte Deutsche Metallwerke (Halbzeugwerke) GmbH, Hildesheim

372. Vereinigte Leichtmetallwerke GmbH, Linden
373. Vereinigte Wollwaren-Fabriken GmbH, Hameln
374. Waaren Commissions AG, Dragahn, Dannenberg,
375. Walter Finger, Maschinenfabrik, Uelzen
376. Weser-Flugzeugbau, Lemwärden, Oldenburg
377. Weser-Flugzeugbau, Emswarden, Weser Marsch, Oldenburg
378. Weser-Flugzeugbau, Nordenham, Oldenburg
379. Weser Metallindustrie GmbH (früher Weser Flugzeugbau GmbH), Delmenhorst
380. Weser Metallindustrie GmbH, Hoyenkamp, Oldenburg
381. Weser Metallindustrie GmbH, Achim bei Bremen
382. Wilhelm Bormann, Blechwarenfabrik, Luestringen, Osnabrück
383. Wilhelm Schmidding, Linden
384. Wolff & Co. (Eibia), Bomlitz, Kreis Fallingbostel
385. Wolff & Co. (Eibia, Barme Doerfelden
386. Wolff & Co. (Eibia), Liebenau. Kreis Nienburg,
387. Deutsche Edelstahlwerke AG, Werk Hannover, Hannover Linden
388. Klöckner-Werke AG. Werk Osnabrück
389. Reichswerke AG, für Erzbergbau und Eisenhütten. Hütte Braunschweig
390. Boeckhoff & Co., Eisengießerei. Ofen- und Herdfabrik, Leer/Ostfriesland
391. Engels, August, AG, Werk Delligsen, Delligsen, Kreis Gandersheim
392. Miag Mühlenbau- und Industrie AG, Amme-Luthe-Werke, Braunschweig,
393. Lindener Eisen- und Stahlwerke GmbH, Hannover Linden
394. Eisen- und Stahlwerk Pleissner AG, Herzberg, Harz
395. Osnabrücker Kupfer- und Drahtwerk, Osnabrück
396. Vereinigte Leichtmetallwerke, Hannover-Laatzen,
397. Donar GmbH, Wesermünde
398. Schicker, Otto & Co KG, Rhumspringe
399. Schicker, Otto & Co KG, Bad Lauterberg
400. Burgsmüller & Söhne, Kreiensen, Harz
401. Engelke, Conrad, Hannover/Limmer
402. GEMAG-Maschinenfabrik, Bückeburg
403. Havermeier & Sander, Hannover,
401. Herfurth & Engelke, Braunschweig
405. Koch & Reitz, Hannover
406. Meyer, Julius, Osnabrücker Dampfkesselfabrik, Osnabrück
407. Schlüter, H., Neustadt

408. Akkumulatorenfabrik AG, Hannover Stöcken
409. Kriegsmarinewerft Wilhelmshaven

Schleswig Holstein:

410. Anschütz GmbH, Bellin, Kreis Plön
411. Anschütz GmbH, Howacht, Kreis Plön
412. Anschütz GmbH, Kiel-Neumühlen
413. Atlas-Werke AG, Elmshorn
414. Berlin-Lübecker-Maschinenfabriken, Lübeck
415. Bohn & Khaler AG, Ascheberg, Kreis Plön
416. Deutsche Lufthansa AG, Flugplatz Privall, Travemünde
417. Deutsche Waffen- und Munitionsfabriken AG, Lauerholz
418. Dynamit AG, Düneberg bei Hamburg
419. Dynamit AG, Krümmel bei Hamburg
420. Elektroakustik AG, Kiel
421. Elektroakustik AG, Neumünster
422. Emil Schulz, Kiel
423. Friedrich Meyer, Lütjenburg
424. Heeresmunitionsanstalt, Lockstedter Lager bei Itzehoe
425. Holsteinische Maschinenbau AG, IIOLMAG (früher Deutsche Wer ke, Holmag), Kiel-Friedrichsort
426. Kriegsmarinearsenal, Kiel
427. Land- und See-Leichtbau GmbH, Werk Nr. 1 K, Kiel-Hassee
428. Land- und See-Leichtbau GmbH, Werk Nr. 2 K, Kiel-Hassee
429. Land- und See-Leichtbau GmbH, Werk Nr. 3 K, Neumünster
430. Land- und See-Leichtbau GmbH, Werk Nr. 1 N, Neumünster
431. Land- und See-Leichtbau GmbH, Werk Nr. 2 N, Neumunster
432. Land- und See-Leichtbau GmbH, Werk Nr. 3 N, Flugplatz Neumünster,
433. Land- und See-Leichtbau GmbH, Werk Nr. 4 N, Neumünster
434. Land- und See-Leichtbau GmbH, Werk Nr. 7 N, Lübeck
435. Land- und See-Leichtbau GmbH, Werk Nr. 8 N, Wasserflughafen Schleswig,
436. Land- und See-Leichtbau GmbH, Werk Nr. 9 N, Rendsburg
437. Land- und See-Leichtbau GmbH, Werk Nr. 11 N, Neumünster
438. Maschinen für Massenverpackung GmbH, Lübeck
439. „Messap“ Deutsche Meßapparate, Uetersen
440. Norddeutsche Dornierwerke GmbH, Werk Nr. 1 Lübeck
441. Norddeutsche Dornierwerke GmbH, Lübeck
442. Norddeutsche Dornierwerke GmbH, Werk Nr. 4, Lübeck,
443. Nordmark-Gerätebau, Böklund bei Schleswig

444. Pinnau-Werke, Uetersen
445. Pommersches Motorenwerk, Rissen bei Hamburg
446. Torpedo-Versuchsanstalt Nord, Eckernförde-Borby
448. Walter, H., KG, Ahrensburg
449. Walter, H., KG, Kiel-Tannenberg,
450. Ahlmann-Carlshütte KG, Rendsburg
451 Burmester, Gustav, Trittau
152. Anschütz GmbH, Landesjugendheim, Selent
453. Phönix GmbH, Eutin

Hansestadt Hamburg:
454. Avia, Fabrik für Luftfahrtbedarf, Hamburg
455. Blohm & Voss, Finkenwärder
456. Blohm & Voss, Hamburg Bahrenfeld,
457. Blohm & Voss (Stadtwerk), Hamburg
458. Blohm & Voss, Steinwärder
458a. Blohm & Voss, Steinwälder, Flugzeugwerk. Bereits abgetragen
459. Blohm & Voss, Hamburg-Veddel
460. Continental Metallwerke AG, Hamburg-Bahrenfeld,
461. Deutsche Meßapparate-Gesellschaft, Hamburg Langenhorn
462. Ernst Pump, Präzisionsmechanik, Hamburg Fuhlsbüttel
463. Feinmechanische Werkstätten, Wilhelm Lehmann & Co., Harmburg-Schnelsen
461. Rudolf Sieverts, Hamburg-Bergedorf
465. Hanseatische Kettenwerke, Hamburg-Langenhorn
466. Klöckner Flugzeugmotorenbau GmbH, Hamburg
467. Kurbelwellen-Werke Glinde (Friedrich Krupp, Glinde bei Hamburg)
468 Leichtmetallbau Wilhelm Schulze, Hamburg-Bahrenfeld,
469. Max Rentsch, Maschinen- und Zahnräderfabrik, Hamburg
470. Metallwerke Neuengamme, GmbH, Karl Walter, Neuengamme
471. Metallwerk Niedersachsen (Brinkmann & Mergell), Hamburg-Harburg
472. Paul Surenbrock, Hamburg
473. Preßmetall GmbH, Hamburg-Bahrenfeld
474. W. E. Puck, Hamburg
475. Hamburger Metallwalzwerke von George Dittman, Hamburg,
476. Stolzenberg, Hugo, Altona
477. Artmann, Hamburg,
478. Bartels & Lüders, Hamburg
479. Boehling, Gebr., Hamburg

480. Danzigerwerft, Hamburg
481. Deicke & Kopperschmidt, Hamburg,
482. Hanseatischer Lehrenbau, Hamburg-Bergedorf
483. Junkers GmbH, Hamburg-Wilhelmsburg
484. Kampnagel AG, Hamburg
485. Leser, Gebr., Hamburg
456. Lutz, Hans, Hamburg
487. Menck & Hambrock GmbH, Hamburg-Altona
488. Meyer, Rudolf Otto, Hamburg-Wandsbek
489. Ottensener Eisenwerk AG, Hamburg-Altona
490. Rose, Th., KG, Hamburg-Altona
491. Staunau, K. H., Hamburg-Harburg
492. Stech, A., Hamburg
493. C. Plath, Hamburg Bahrenfeld
494. Hamburger Fahrzeugbau (Blohm & Voss, Wenzendorf bei Buchholz

Berlin, Britischer Sektor:
496. Spandauer Stahlindustrie GmbH, Berlin-Spandau

Bayern:
1. Dornier-Werke GmbH, Inzoll
2. Franziskanerkeller, München
3. Mechanische Werkstatt Ludwig Reith, Großweil
4. Oberlandhalle Miesbach, Miesbach
5. Bachmann, von Blumenthal, Behm & Go., Aschaffenburg
6. Preß-, Stanz- und Ziehwerk, Chillingworth, Nürnberg
7. Noris Zündlicht AG, Nürnberg
8. Kelheimer Parkettfabrik AG, Kelheim
9. Reichsautobahn-Straßenmeisterei, Siegdorf
10. Weilheimer Holzhaus- und Barackenbau, Weilheim
11. Dornier-Werke GmbH, Hochlandhalle, Weilheim,
12. Maschinenfabrik A. Schlüter, Freising bei München
13. Sperrholzfabrik Aug. Monalt, Bad Tölz
14. Anhänger-Fabrik Hörndl, Etterschlag
15. Dornier-Werke GmbH, Werk Weilheim,
16 Messerschmitt GmbH, Flugzeugbau, 6 Werke in Augsburg
17. Messerschmitt GmbH, 5 Werke in Regensburg,
18. Messerschmitt GmbH, Sinzing
19. Messerschmitt GmbH, Bodenwöhr
20. Messerschmitt GmbH, Pfreimd

21. Messerschmitt GmbH, Frontenhausen
22. Messerschmitt GmbH, Marienthal
23. Messerschmitt GmbH, Neustadt
24. Messerschmitt GmbH, Flossenburg,
25. Messerschmitt GmbH, Oberzell
26. Messerschmitt AG, Oberammergau
27. Messerschmitt AG, Straubing
28. Helmut Sachse, Kempten/Allgäu
29. Messerschmitt, Augsburg
30. Messerschmitt, Garmisch, Prüflaboratorium für
31. Fabrik Kaufbeuren der GmbH zur Verwertung chemischer Erzeug nisse, Kaufbeuren
32. Fabrik Aschau der GmbH zur Verwertung chemischer Erzeug nisse, Aschau
33. Fabrik Ebenhausen der GmbH zur Verwertung chemischer Erzeug nisse, Ebenhausen bei Ingolstadt
34. Heeresmunitionsanstalt Straße bei Günsburg
35. Deutsche Sprengchemie GmbH, Geretsried-Wolfratshausen
36. Heeresmunitionsanstalt, Deschnig
37. Fabrik München der GmbH zur Verwertung chemischer Erzeugnis se, München-Aichach
38. Collis Metallwerke GmbH, Nördlingen
39. Atlas-Werke AG, Zweigwerk München
40. Mikronwerk GmbH, Aschaffenburg
41. Fruchwald & Jäger, Eisen- und Preßwerk, Nürnberg
42. Bayerische Motorenwerke AG, Werk 1, München
43. Bayerische Motorenwerke AG, Werk 2, München-Allach
44. Dornier-Werke, Oberpfaffenhofen
45. Dornier-Werke, Aubing
46. Dornier- Werke, Neuaubing
47. Dornier-Werke, Landsberg
48. Dampfsägewerk Grafenaschau
49. Luftmunitionsanstalt Weichering
50. Luftmunitionsanstalt Oberdachstetten
51. Fritz Sauer, Augsburg-Gorsthofen
52. Paraxol GmbH, Werk Weider
53. Versuchswerk Kaufering der Sprengstoff-Versuchs GmbH
54. Paraxol GmbH, Werk Schrobenhausen
55. Dynamit AG (vormals Alfred Nobel & Go.), Fabrik Nürnberg
56. Heeresmunitionsanstalt St. Georgen-Traunsteln

57. Messerschmitt, GmbH, Eschenlohe
58. Fabrik Wolfratshausen der GmbH zur Verwertung chemischer Er zeugnisse, Wolfratshausen
59. Fabrik Bobingen der GmbH zur Verwertung, chemischer Erzeugnis se, Bobingen
60. Deutsche Sprengchemie GmbH, Werk Kreiburg
61. Dynamit AG, vorm. Alfred Nobel & Co., Werk Kauferin bei Lands berg
62. Dynamit AG, vorm. Alfred Nobel & Co., Stadeln
63. Heeresmunitionsanstalt Wildflecken
64. Heeresmunitionsfabrik Klein Kötz
65. Rothenbach Aluminium und Kupferfabrikate
66. Wieland- Werke AG, Ulm Vöhringen,
67. Anorgana, Gendorf
68. Dr. Alexander Wacker, Burghausen
69. IG Farbenindustrie AG, Gersthofen,
70. Kopp & Co., München
71. Chemische Werke Bransche & Co, Gersthofen
72. Vereinigte Fluß-Spatwerke, Stulln
73. Elektrochemische Werke, München
74. Geiseier, München
75. Leistritz Mafa, Nürnberg
76. Kugelfischer, Schweinfurt
77. MAN, Augsburg
78. Maschinenfabrik Beilhack, Rosenheim
79. Maurer, München
80. Ernst Reime, Nürnberg
81. Johann Schießer
82. Südwerke, Bamberg
83. Schmidt & Sohn, Nürnberg
84. Ultrapräzisionswerk, Aschaffenburg
85. Herkules-Werke GmbH, Nürnberg
86. Anorgana GmbH, Gondorf
87. Töging, Töging bei Mühldorf

Land Hessen

88. Fabrik Hessisch Lichtenau, Betrieb Eschenstruh,
89. Henschel Flugmotorenbau GmbH, Kassel-Altebauna
90. Henschel Flugmotorenbau GmbH, Ziegenhain
91. Henschel Flugmotorenbau GmbH, Holzhausern

92. Henschel Flugmotorenbau GmbH, Waldeck
93. Henschel Flugmotorenbau GmbH, Hensfeld
94. Henschel Flugmotorenbau GmbH, Melsungen
95. Henschel Flugmotorenbau GmbH. Wege
96. Henschel Flugmotorenbau GmbH, Remsfeld
97. Junkers Flugzeug- und Motorenbau AG, Werk Kassel, Kassel-Bettenhausen
98. Junkers Flugzeug- und Motorenbau AG, Ziegenhain
99 Junkers Flugzeug-Motorenbau AG, Werk 2, Yeckershagen,
100. Gerhard Fieseler Werke GmbH, Kassel-Bettenhausen,
101. Gerhard Fieseler Werke GmbH, Frankenberg
102. Gerhard Fieseler Werke GmbH. Eschwege
103. Gerhard Fieseler Werke GmbH, Lohfelden
104. Gerhard Fieseler Werke GmbH, Mönchedorf
105. Gerhard Fieseler Werke GmbH, Witzenhausen
106. Continental Metall AG, Oberursel
107. Continental Metall AG, Heddernheim
108. Continental Metall AG, Groß-Alheim
109. Fabrik Hessisch-Lichtenau, Fürstenhagen Kassel
110. Pulverfabrik Hasloch GmbH, Hasloch
111. Fabrik Allendorf der GmbH zur Verwertung chemischer Erzeugnisse
112. Paraxol GmbH, Werk Lippoldsberg
113. Continental Metallwerke AG, Langenaubach
114. Continental Metallwerke AG, Grävenwiesbach
115. Haas & Sohn, Sinn
116. Fränkische Eisenwerke. Niederscheld
117. Röchling-Buderus, Wetzlar
118. Kurhessischer Schieferbergbau, Sontra
119. V.D.M. AG, Heddersheim
120. A. F. Kalle & Co., Wiesbaden
121. Chemische Werke Kurt Albert, Wiesbaden
122 M. Kappus, Offenbach
123. IG Farbenindustrie AG, Höchst
124. Mobs, P. S., Gießen/Lahn
125. Röhm & Haas, Darmstadt
126. IG-Farben Sauerstoffwerke, Griesheim
127. IG-Farben Sauerstoffwerke, Kassel-Mittelfeld
128 Klöckner-Humboldt-Deutz, Oberursel
129 Friedr. Krupp AG, Geisenheim
130 Lavis H. Söhne. Offenbach

131 Maschinenfabrik, Wiesbaden
132. Müller & Wagner, Wallau
133. Rheinhütte, Wiesbaden
134. Schiele, Eschborn
135. Stöhr, Offenbach
136. Adlerwerke, vorm. Kleyer AG, Frankfurt
137. Dr. Ing. Heymans, Auerbach bei Darmstadt
138. Hensoldt-Werke, Herborn

Baden-Württemberg
139. Deutsche Waffen- und Munitionsfabriken AG, Grotzingen,
140. Collis Metallwerke GmbH, Reichenbach-Aalen
141. Klöckner-Humboldt-Deutz AG, Werke Ulm
142. W. und W. Schenk, Leichtgußwerke KG, Maulbronn
143. Luftfahrtgerätebau Gebr. Haage, Stuttgart-Vaihingen
144. Hans Klemm, Flugzeugbau, Böblingen
145. Elma GmbH, Waiblingen
146. Gustav Genschow & Co., AG, Durlach bei Karlsruhe
147. Daimler-Benz AG, Neckaretz-Obrigheim a. N.
148. Dillingerhütte, Mannheim
149. Elektron GmbH, Bad Canstatt
150. Deutsche Sprengstoff-Fabrik, Cleeborn
151. Krämer & Flemmer, Heilbronn
152. Saline Ludwigshall, Bad Wimpfen
153. H. Frank, GmbH, Mannheim-Birkenau
154. Flumina-Werke (Pfeil), Mannheim
155. Hommel-Werke, Mannheim
15G. Kiefer-Maschinenfabrik, Stuttgart
157. Klein, Obereßlingen
158. Mahler, Eßlingen
159. Meißner & Wurst, Stuttgart
160. Ortlieb & Co., Eßlingen
1Gl. Rohleder Kesselschmiede, Stuttgart
162 Säuferer & Co., Plochingen
163. Fr. Schuler, Mühlacker
164. Stiefelmeyer, Eßlingen
165. Streicher, Bad Canstatt
166. Süddeutsche Arguswerke, Karlsruhe
167. Süddeutsche Präzisionswerke, Geislingen
168. Gebrüder Wagner, Stuttgart

169. Ad. Zaiser, Stuttgart
170. Bohner & Köhle, Maschinenfabrik AG, Eßlingen
171. Index-Werke, Eßlingen
172. Fritz Müller, Eßlingen
173. Schmidt & Schraudt (früher Unger), Stuttgart
174. Vorrichtungsbau Hüller, Ludwigsburg
175. Motorenfabrik Wilhelm Gutbrod, Stuttgart-Feuerbach
176. Kodak AG, Werk Einsingen
177. Großkraftwerk Mannheim AG, Mannheim-Neckarau

Bremen
178. Focke-Wulf Flugzeugbau GmbH, Bremen
179. „Weser" Flugzeugbau GmbH, Werk Farge, Bremen
180. Theodor Klatte, Huchting bei Bremen
181. Karl F. W. Borgward, Auto- und Motorenwerke, Bremen
182. Norddeutsche Hütte AG, Oslebshausen
183. Hastedt Dampf-Kraftwerk, Bremen
184. Deutsche Schiffs- und Maschinenbauwerk Weser Schiffbauwerk
185. fehlt.

Berlin, US-Sektor
186. Fritz Werner AG, Berlin

Die Demontageliste der französischen Zone
General Noiret hatte dem Alliierten Kontrollrat seine Liste, der in der französischen Zone und im französischen Sektor Berlin zu demontierenden Werke vorgelegt.
1. Rheinmetall Borsig AG, Werk Berlin-Tegel
2. Alkett, Berlin-Tegel
3. Gebr. Schaffler, Berlin-Reinickendorf
4. Mauserwerke, Berlin Borsigwalde
5. Deutsche Waffen- und Munitions AG, Werk Borsigwalde.
6. Maget, Berlin Tegel.
7. Argus-Motorenwerke GmbH, Berlin-Reinickendorf.
8. Süddeutsche Domierwerke, Konstanz-Vollmatingen
9. Süddeutsche Argus-Werke, Heinz Koppenberg KG, Hermannsberg über Pfullendorf und dto. Baden-Baden.
10. Diana-Werke, Mayer & Rammelspacher, Rahstatt
11. Kopperschmidt, Blumberg (Baden)
12. Dornier-Werke GmbH, Moersburg

13. Zeppelinwerke, Immenstadt
14. Dornier-Werke GmbH, Langenargen
15. Oskar Fischer, Markdorf (Baden)
10. Frunkstrahl, Konstanz
17. Frainex, Mülheim
18. Mauser, Oberndorf
19. Robert Bosch GmbH, Sulz
20. Dornier-Manzell, Friedrichshafen
21. Hansa Metallwerke, Gauselfingen
22. Dornier-Werke GmbH, Rickenbach, Lindau
23. Dornier-Werke GmbH, Wangen
24. Dornier-Werke GmbH, Nußdorf
25. Dornier-Werke GmbH, Wasserburg
26. Fritz Leitz, Burgfrieden
27. VKF Cannstadt, Metzingen über Reutlingen
28. Bitz, Ronnelsbach, Riederich
29. IG Farbenindustrie AG, Werk Rottweil
30. Welsert, Bleialf
31. Fiso Bosch, Treiß (Mosel)
32. Dynamit AG, Pulverfabrik Hamm, Hamm
33. Fürstlich-Hohenzollernsche Hüttenverwaltung Laucherlal/Württ.
34. Charlottenhütte, Niederschelden, Rheinpfalz Aluminium- Werke GmbH Rheinfelden (Baden)
35. Otavi-Minen, Blumenberg (Baden)
36. Degussa, Deutsche Gold- und Silberscheideanstalt, Werk Rheinfelden
37. Gebrüder Giulini, Ludwigshafen (Rheinpfalz)
38. Dürener Metallwerke Giulini, Ludwigshafen
39. Dürener Leichtmetallwerke, Berlin- Wittenau.
40. Aluminium-Werke Tscheulin, Tenningen (Baden)
41. Aluminium-Walzwerke, Wuteschingen (Baden)
42. Aluminium-Gießerei, Villingen (Baden)
43. Walzwerk Singen, Singen (Baden)
44. Blei- und Silberhütte, Braubach (Rheinpfalz)
45. IG Farbenindustrie AG, Oppau (Rheinpfalz)
46. Karl Flohr AG, Berlin-Borsigwalde
47. Genliinder, Munzingen (Baden)
48. Hengstler, Hausach (Baden)
49. Heinrich Maierling, Laufenburg (Baden)
50. Wittig, Schopfheim (Baden)

51. Maybach-Motorenwerke GmbH, Friedrichshafen
52. Horst, IJrach/Württemberg
53. Joseph Mehrer, Balingen (Württemberg)
54. Pumpenfabrik Urach, Urach
55. Stoz, Weingarten (Württemberg)
58. Ernst Wagner, Reutlingen
57. Teufel, Nagold (Württemberg)
58. Balcke, Frankenthal/Rheinpfalz
59. Ertner, Ludwigshafen
60. Klein-Schanzlin-Becker AG, Frankenthal (Rheinpfalz)
61. Heinrich Nickel, Betzdorf
62. Warm-Lufttechnik, Ludwigshafen
63. Bode-Panzer AG, Berlin-Wedding
64. Küster, Berlin
65. Beutler, Lahr (Baden)
66. Bulerswerke, Rastatt
67. Rudolf Engler, Bad Krosingen (Baden)
68. Hans Grohe, Schiltach (Baden)
69. Stephan Hertweck, Gaggenau (Baden)
70. Franz Hörner, Rastatt
71. Prototyp, Zell (Baden)
72. Schafferer & Co., Freiburg/Breisgau
73. Schubert, AG, Rastatt
74. Banger, Säcklingen
75. Werkzeug- und Maschinenbau, Haslach
76. Bischoff, Mühringen (Württemberg)
77. Bizerba, Balingen (Württemberg)
78. Bernhard Braun, Kloster Reichenbach
79. Jakob Boss, Onstmettingen (Württemberg)
80. Johannes Boss, Onstmettingen
81. Robert Bürckle, Freudenstadt
82. Eugen Fahrion, Bitzebingen (Württemberg)
83. Gottlieb Göhring, Ebingen (Württemberg)
84. Keinath, Onstmettingen
85. Müller & Christner, Hetzingen
86. Raster & Bosch, Onstmettingen
87. Walter Montanwerke, Tübingen
88. Helios, Weil a Rhein
89. Wandel, Reutlingen (Württemberg)
90. Zahnradfabrik, Friedrichshafen

91. Keller, Meßwerkzeugfabrik, Aldingen (Württemberg)
92. Nothelfer, Ravensburg (Württemberg)
93. Widmann, Laichingen (Württemberg)
94. Stephan, Armaturen, Osthofen (Rheinland)
95. Eisenwerke, Kaiserslautern
96. Geiger, Ludwigshafen
97. Meisterin v. Strache, Kirchheimbolanden (Pfalz)
98. Paul Räußler, Konstanz
99. Becker & Co., Vohrenbach (Baden)
100. Freiburger Maschinenfabrik Freiburg/Breisgau
101. Heinemann, Sankt Georgen (Baden)
102. Köpfer und Söhne, Furtwangen (Baden)
103. Albert Leicht, Altenheim (Baden)
104. Schlenker & Cie., Hornberg (Baden)
105. Otto Sohn, Alberthavenstein (Baden)
106. Thielenhaus, Lörrach (Baden)
107. Weisser und Söhne, St. Georgen (Baden)
108. Karl Benzinger, Unterreichenbach (Württemberg)
109. Burkhard & Weber, Reutlingen
110. Hermann Dörflinger, Metzingen
111. Willy Hegner, Schwenningen (Württemberg).
112. Fr. Henning, Metzingen
113. Otnina, Tübingen
111. Ravensburger Maschinenfabrik, Ravensburg
115. Solid-Werke, Metzingen
116. Bernhard Steinel, Schwenningen
117. Hans Vosseler, Schwenningen
118. Wafios-Maschinenfabrik, Reutlingen
119. Gustav Wagner, Reutlingen
120. Weingarten, Weingarten (Württemberg)
121. J. Worder, Schwenningen
122. August Göbel, Bad Ems
123. Rheinbollen, Industriewerke, Rheinbollen (Rheinland)
124. Fichter & Huckenlos, Villingen
125. Uhrenwerk Kaiser, Villingen
126. Lytax-Werke in Freiburg/Breisgau und in Neuhausen bei Kirchzarten (Baden)
127. A. Maier-Viktoria-Glock, St. Georgen (Baden)
128. Uhrenfabrik Wehrle, Schönwald (Baden)
129. Tobias Bauerle, St. Georgen

130. Franz Morat, Eisenbach (Baden)
131. Joseph Morat, Eisenbach (Baden)
132. Munzher, Freiburg/Breisgau
133. Franz Hermle und Söhne, Gosheim (Württemberg)
134. Johann Jackie GmbH, Schwenningen
135. Junghans AG in Rottenburg, Duningen, Schwenningen, Locherhof, Mariazell, Lauterbach und Renchen (Württemberg)
136. Hugo Kerk KG, Schramberg (Württemberg)
137. Johann Landolt, Gosheim (Württemberg)
138. Uhrenfabrik Müller in Mühlheim und in Tuttlingen (Württemberg)
139. Urgos Uhrenfabrik Haller & Jauch, Schwenningen.
140. Johann Weiß und Söhne, Gosheim
141. Georg Wurthner, Schwenningen
142. J. Hengstler, Aldingen (Württemberg)
143. Uhrenfabrik Kienzle, Schwenningen
144. Mauthe, Schwenningen
145. Oskar Müller, Schwenningen
146. Schlenker Grusen, Schwenningen
147. Fichter & Hackenlos, Haigerloch
148. Junghans AG, Schramberg (Württemberg)
149. Kaiser Uhrenfabrik, Kenzlingen (Baden)
150. Pollux GmbH, Ludwigshafen
151. J. Schneider & Co., Bad Kreuznach
152 Saba, Villingen
153. Degussa, Rheinfelden
154. Märkische Seifenfabrik und Gebrüder Kiefer, Lahr (Baden)
155. Gebrüder Dreher, Stockach (Baden)
156. Kurt Kopperschmidt, Blumberg (Baden)
157. Hirtler, Heitersheim (Baden)
158. Betler & Co, Lahr-Dillingen (Baden)
159. Seifenfabrik Schneider, Horb (Würtemberg)
160. Oberschwäbische-Sauerstoff-Werke, Marstetten/Aitach (Württemberg)
161. Raschig, Ludwigshafen (Pfalz)
162. Ackermann & Schwind, Oggersheim (Pfalz)
163. Schöpfer, Böhl (Pfalz)
164. Siegert & Co, Neuwied
165. Sauerstoff-Werke, Mainz
166. Gewerkschaft Siegtal
167. Remynol-Werke, Bendorf (Rheinland)

168. Rohn & Hass, Worms (Pfalz)
169. Chemische Fabrik Weinheim, Ingelheim/Rhein
170. Böhringer Sohn, Ingelheim/Rhein
171. Knoll, Ludwigshafen
172. IG Farbenindustrie AG, Rheinfelden (8 Werke)
173. Degussa, Konstanz
174. IG Farbenindustrie AG, Oppau (8 Werke)
175. IG Farbenindustrie AG, Ludwigshafen (39 Werke)
176. Degussa, Mainz-Monbach (2 Werke)
177. Döving, Mainz
178. Rasching, Ludwigshafen
179. Dyckerhoff, Portland-Zementwerke AG, Neuwied

Quellenverzeichnis

1) Welt.de, „Wenn wir bewusst auf die Verarmung Mitteleuropas hinarbeiten", 14.09.2021, https://www.welt.de/geschichte/article194914723/Versailler-Vertrag-Die-Sieger-wussten-um-die-Folgen-der-Reparationen.html, abgerufen am 21.09.2022

2) Hoover, Herbert (1951): The Momoirs of Herbert Hoover. Years of Adventure 1874-1920. 2. Auflage. New York: The MacMillan Company, S. 461

3) Robert Gilbert Vansittart, Even Now. A Policy for Peace, Hutchinson & Co, London, 1949, S. 69

4) Churchill, Winston; Muehlon, I., Memoiren, Der Zweite Weltkrieg, Von Krieg zu Krieg. 1919 bis 3. September 1939, Erster Band/ Erstes Buch, Scherz Verlag, Bern, 1948, S. 259

5) Emrys Hughes, Winston Churchill. British Bulldog: His Career in War and Peace, deutsche Ausgabe: Churchill. Ein Mann in seinem Widerspruch, Verlag Fritz Schlichtenmayer, Tübingen, 1959, S. 139

6) Zeit.de, 1914 1939 Der Zweite Weltkrieg war die Wiederholung des Ersten. 14.08.1964, https://www.zeit.de/1964/33/1914-1939-der-zweite-weltkrieg-war-die-wiederholung-des-ersten, abgerufen am 21.09.2022

7) Antwort des Parlamentarischen Staatssekretärs beim Bundesminister der Finanzen, Karl Diller, am 9. März 2000, Az.VB2 O 1266 B 7/00, Zitiert in Unabhängige Nachrichten, Oberhausen, 7/2000, Seite 5

8) Siegfried Wenzel: Was war die DDR wert? Und wo ist dieser Wert geblieben? 6. Auflage, Das Neue Berlin, Berlin 2004, S. 43

9) Spiegel. de, FEINDVERMÖGEN, Einschließlich Klappzylinder, 10.10.1950, https://www.spiegel.de/wirtschaft/einschliesslich-klappzylinder-a-4df114ec-0002-0001-0000-000044450784, abgerufen am 23.09.2022

10) Spiegel. de, FEINDVERMÖGEN, Einschließlich Klappzylinder, 10.10.1950, https://www.spiegel.de/wirtschaft/einschliesslich-klappzylinder-a-4df114ec-0002-0001-0000-000044450784, abgerufen am 23.09.2022

11) Gustav Harmssen, Reparationen, Sozialprodukt, Lebensstandard. Versuch einer Wirschaftsbilanz, Heft 1-4. 1948, Friedrich Trüjen Verlag, Bremen

12) Gustav Harmssen, Reparationen, Sozialprodukt, Lebensstandard. Versuch einer Wirschaftsbilanz, Heft 1-4. 1948, Friedrich Trüjen Verlag, Bremen

13) Gustav Harmssen, Reparationen, Sozialprodukt, Lebensstandard. Versuch einer Wirschaftsbilanz, Heft 1-4. 1948, Friedrich Trüjen Verlag, Bremen

14) Gustav Harmssen, Reparationen, Sozialprodukt, Lebensstandard. Versuch einer Wirschaftsbilanz, Heft 1-4. 1948, Friedrich Trüjen Verlag, Bremen

15) Gustav Harmssen, Reparationen, Sozialprodukt, Lebensstandard. Versuch einer Wirschaftsbilanz, Heft 1-4. 1948, Friedrich Trüjen Verlag, Bremen

16) Gustav Harmssen, Reparationen, Sozialprodukt, Lebensstandard. Versuch einer Wirschaftsbilanz, Heft 1-4. 1948, Friedrich Trüjen Verlag, Bremen

17) Gustav Harmssen, Reparationen, Sozialprodukt, Lebensstandard. Versuch einer Wirschaftsbilanz, Heft 1-4. 1948, Friedrich Trüjen Verlag, Bremen

18) Gustav Harmssen, Reparationen, Sozialprodukt, Lebensstandard. Versuch einer Wirschaftsbilanz, Heft 1-4. 1948, Friedrich Trüjen Verlag, Bremen

19) Gustav Harmssen, Reparationen, Sozialprodukt, Lebensstandard. Versuch einer Wirschaftsbilanz, Heft 1-4. 1948, Friedrich Trüjen Verlag, Bremen

20) Wiedergutmachung. Regelungen zur Entschädigung von NS-Unrecht, Bundesministerium der Finanzen, Referat für Öffentlichkeitsarbeit, Artikel-Nr.: BMF40106, Berlin, 1922, https://www.bundesfinanzministerium.de/Content/DE/Downloads/Broschueren_Bestellservice/2018-03-05-entschaedigung-ns-unrecht.pdf?__blob=publicationFile&v=8, abgerufen am 29.09.2022

21) 100(0) Schlüsseldokumente zur deutschen Geschichte im 20.

Jahrhundert, Bayerische Staatsbibliothek, https://www.1000dokumente.de/index.html?c=dokument_de&dokument=0016_lux&l=de, abgerufen am 29.09.2022

22) 100(0) Schlüsseldokumente zur deutschen Geschichte im 20. Jahrhundert, Bayerische Staatsbibliothek, https://www.1000dokumente.de/index.html?c=dokument_de&dokument=0016_lux&l=de, abgerufen am 29.09.2022

23) Luxemburger Abkommen, Wikipedia, https://de.wikipedia.org/wiki/Luxemburger_Abkommen, abgerufen am 29.09.2022

24) 34. Kabinettssitzung am 27. Juni 1962, 5. Bericht des Bundesministers der Finanzen über die Wiedergutmachungsschlußgesetzgebung, https://www.bundesarchiv.de/cocoon/barch/0000/k/k1962k/kap1_2/kap2_30/para3_7.html, abgerufen am 29.09.2022

25) Konrad Adenauer Stiftung (Internetseite), Wiedergutmachung, Winfried Becker, https://www.kas.de/de/einzeltitel/-/content/wiedergutmachung-v1, abgerufen am 29.09.2022

26) Stiftung EVZ (Internetseite), Gesetz zur Errichtung einer Stiftung Erinnerung, Verantwortung und Zukunft, Gesetz zur Errichtung einer Stiftung Erinnerung, Verantwortung und Zukunft vom 2. August 2000, in Kraft getreten am 12. August 2000 (Bundesgesetzblatt: BGBl. 2000 I 1263), zuletzt geändert durch Gesetz vom 1. September 2008, in Kraft getreten am 9. September 2008 (BGBl. I 1797) https://www.stiftung-evz.de/wer-wir-sind/geschichte/gesetz/, abgerufen am 29.09.2022

27) Konrad Adenauer Stiftung (Internetseite), Wiedergutmachung, https://www.kas.de/de/web/geschichte-der-cdu/wiedergutmachung, abgerufen am 30.09.2022

28) Reuters, Griechenland fordert von Berlin Gespräche über Reparationen, 29.11.2019, https://www.reuters.com/article/deutschland-griechenland-reparationen-idDEKCN1VJ1MK, abgerufen am 04.11.2022

29) Zeit-Online, Griechenland besteht auf Forderung nach Reparatio-

nen, 05.04.2021, https://www.zeit.de/politik/ausland/2021-04/zweiter-weltkrieg-griechenland-deutschland-forderung-reparationen, abgerufen am 04.11.2022

30) Tagesschau, Scholz weist Reparationsforderungen zurück, 06.09.2022, https://www.tagesschau.de/inland/scholz-reparationsforderungen-101.html, abgerufen am 04.11.2022

31) Augsburger Allgemeine, Deutsche "Kriegsschulden": Abgeordnete fordern Billionen-Reparationen, 03.02.2015, https://www.augsburger-allgemeine.de/politik/Russland-Deutsche-Kriegsschulden-Abgeordnete-fordern-Billionen-Reparationen-id32885842.html, abgerufen am 04.11.2022

32) Peace Research Institute Frankfurt / Leibniz-Institut Hessische Stiftung Friedens- und Konfliktforschung, Gut gemeint genügt nicht, 30.06.2021, https://blog.prif.org/2021/06/30/gut-gemeint-genuegt-nicht-die-aussoehnung-mit-namibia-braucht-die-zustimmung-lokaler-opfergruppen/, abgerufen am 04.11.2022

Quellenverzeichnis Tabelle

T1 Zentralbankrat, Geschäftsbericht der Deutschen Bundesbank für das Jahr 1958

T2 Zentralbankrat, Geschäftsbericht der Deutschen Bundesbank für das Jahr 1958

T3 Zentralbankrat, Geschäftsbericht der Deutschen Bundesbank für das Jahr 1958

T4 Zentralbankrat, Geschäftsbericht der Deutschen Bundesbank für das Jahr 1958

T5 Zentralbankrat, Geschäftsbericht der Deutschen Bundesbank für das Jahr 1958

T6 Zentralbankrat, Geschäftsbericht der Deutschen Bundesbank für das Jahr 1958

T7 Zentralbankrat, Geschäftsbericht der Deutschen Bundesbank für das Jahr 1958

T8 Zentralbankrat, Geschäftsbericht der Deutschen Bundesbank für das Jahr 1958

T9 Zentralbankrat, Geschäftsbericht der Deutschen Bundesbank für das Jahr 1963

T10 Zentralbankrat, Geschäftsbericht der Deutschen Bundesbank für das Jahr 1963

T11 Zentralbankrat, Geschäftsbericht der Deutschen Bundesbank für das Jahr 1963

T12 Zentralbankrat, Geschäftsbericht der Deutschen Bundesbank für das Jahr 1963

T13 Zentralbankrat, Geschäftsbericht der Deutschen Bundesbank für das Jahr 1963

T14 Zentralbankrat, Geschäftsbericht der Deutschen Bundesbank für das Jahr 1964

T15 Die Zeit, 45 Milliarden Wiedergutmachung, 04.06.1965, Nr. 23/ 1965

T16 Zentralbankrat, Geschäftsbericht der Deutschen Bundesbank für das Jahr 1965

T17 Zentralbankrat, Geschäftsbericht der Deutschen Bundesbank für das Jahr 1966

T18 Zentralbankrat, Geschäftsbericht der Deutschen Bundesbank für das Jahr 1969

T19 Zentralbankrat, Geschäftsbericht der Deutschen Bundesbank für das Jahr 1969

T20 Zentralbankrat, Geschäftsbericht der Deutschen Bundesbank für das Jahr 1969

T21 Deutscher Bundestag, Drucksache 06/2155 - Sozialbericht 1971, 12.05.1971

T22 Zentralbankrat, Geschäftsbericht der Deutschen Bundesbank für das Jahr 1972

T23 Zentralbankrat, Geschäftsbericht der Deutschen Bundesbank für das Jahr 1972

T24 Jörg Fisch, Reparationen nach dem Zweiten Weltkrieg, Verlag C. H. Beck, München, 1992, Seite 222, ISBN 3-406-35984-1

T25 Jörg Fisch, Reparationen nach dem Zweiten Weltkrieg, Verlag C. H. Beck, München, 1992, Seite 222, ISBN 3-406-35984-1

T26 Deutscher Bundestag, Drucksache 06/2155 - Sozialbericht 1971, 12.05.1971, Schätzung

T27 Zentralbankrat, Geschäftsbericht der Deutschen Bundesbank für das Jahr 1976

T28 Jörg Fisch, Reparationen nach dem Zweiten Weltkrieg, Verlag C. H. Beck, München, 1992, Seite 222, ISBN 3-406-35984-1

T29 Jörg Fisch, Reparationen nach dem Zweiten Weltkrieg, Verlag C. H. Beck, München, 1992, Seite 222, ISBN 3-406-35984-1

T30 Jörg Fisch, Reparationen nach dem Zweiten Weltkrieg, Verlag C. H. Beck, München, 1992, Seite 222, ISBN 3-406-35984-1

T31 Fischer Weltalmanach 1983, Fischer Taschenbuchverlag, Frankfurt am Main, 1982, S. 533, 3-596-19083-5

T32 Jörg Fisch, Reparationen nach dem Zweiten Weltkrieg, Verlag C. H. Beck, München, 1992, Seite 222, ISBN 3-406-35984-1

T33 Fischer Weltalmanach 1985, Fischer Taschenbuchverlag, Frankfurt am Main, 1984, S. 515, 3-596-19085-1

T34 Fischer Weltalmanach 1986, Fischer Taschenbuchverlag, Frankfurt am Main, 1985, S. 551, 3-596-19086-X

T35 Fischer Weltalmanach 1987, Fischer Taschenbuchverlag, Frankfurt am Main, 1986, S. 589, 3-596-19087-8

T36 Fischer Weltalmanach 1988, Fischer Taschenbuchverlag, Frankfurt am Main, 1987, S. 204, 3-596-19088-6

T37 Fischer Weltalmanach 1989, Fischer Taschenbuchverlag, Frankfurt am Main, 1988, S. 202, 3-596-19089-4

T38 Fischer Weltalmanach 1990, Fischer Taschenbuchverlag, Frankfurt am Main, 1989, S. 204, 3-596-19090-8

T39 Fischer Weltalmanach 1991, Fischer Taschenbuchverlag, Frankfurt am Main, 1990, S. 211, 3-596-19091-6

T40 Fischer Weltalmanach 1992, Fischer Taschenbuchverlag, Frankfurt am Main, 1991, S. 329, 3-596-19092-4
T41 Fischer Weltalmanach 1993, Fischer Taschenbuchverlag, Frankfurt am Main, 1992, S. 324, 3-596-19093-2
T42 Deutscher Bundestag, Drucksache 13/5269 - Kleine Anfrage, 11.07.1996
T43 Fischer Weltalmanach 1993, Fischer Taschenbuchverlag, Frankfurt am Main, 1992, S. 380, 3-596-19094-0
T44 Fischer Weltalmanach 1995, Fischer Taschenbuchverlag, Frankfurt am Main, 1994, S. 209, 3-596-19095-9
T45 Fischer Weltalmanach 1998, Fischer Taschenbuchverlag, Frankfurt am Main, 1997, S. 249, 3-596-19098-3
T46 Fischer Weltalmanach 1999, Fischer Taschenbuchverlag, Frankfurt am Main, 1998, S. 217, 3-596-19099-1
T47 Fischer Weltalmanach 1999, Fischer Taschenbuchverlag, Frankfurt am Main, 1998, S. 217, 3-596-19099-1
T48 Fischer Weltalmanach 2000, Fischer Taschenbuchverlag, Frankfurt am Main, 1999, S. 250, 3-596-820001
T49 Fischer Weltalmanach 2002, Fischer Taschenbuchverlag, Frankfurt am Main, 2001, S. 248, 3-596-72902-5
T51 Fischer Weltalmanach 2002, Fischer Taschenbuchverlag, Frankfurt am Main, 2001, S. 248, 3-596-72902-5
T52 Fischer Weltalmanach 2003, Fischer Taschenbuchverlag, Frankfurt am Main, 2002, S. 284, 3-596-72903-3
T54 Bundesminister der Finanzen, Haushaltsrechnung und Vermögensrechnung des Bundes für das Haushaltsjahr 1001 (Jahresrechnung 201), Seiten 1345, 1346
T55 Bundesminister der Finanzen, Haushaltsrechnung und Vermögensrechnung des Bundes für das Haushaltsjahr 1001 (Jahresrechnung 201), Seite 1341
T57 Statistisches Bundesamt, Statistisches Jahrbuch 2005, Seite 198, ISBN 3-8246-0745-X
T58 Statistisches Bundesamt, Statistisches Jahrbuch 2006, Seite 197
T59 Bundesministerium der Finanzen, Leistungen der öffentlichen Hand auf dem Gebiet der Wiedergutmachung, Stand: 31. Dezember 2004
T60 Statistisches Bundesamt, Statistisches Jahrbuch 2008, Seite 202, ISBN 978-3-8246-0822-5
T61 Statistisches Bundesamt, Statistisches Jahrbuch 2009, Seite 202, ISBN 978-3-8246-0839-3

T62 Statistisches Bundesamt, Statistisches Jahrbuch 2010, Seite 204, ISBN 978-3-8246-0897-3
T63 Statistisches Bundesamt, Statistisches Jahrbuch 2010, Seite 204, ISBN 978-3-8246-0897-3
T64 Statistisches Bundesamt, Statistisches Jahrbuch 2012, Seite 226, ISBN 978-3-8246-1089-5
T65 Statistisches Bundesamt, Statistisches Jahrbuch 2012, Seite 226, ISBN 978-3-8246-1089-5
T66 Bundesministerium der Finanzen, Leistungen der öffentlichen Hand auf dem Gebiet der Wiedergutmachung, Dok. 2012/ 0805300, Stand: 31. Dezember 2011
T67 Statistisches Bundesamt, Statistisches Jahrbuch 2014, Seite 224, ISBN 978-3-8246-1029-7
T68 Statistisches Bundesamt, Statistisches Jahrbuch 2015, Seite 226, ISBN 978-3-8246-1037-2
T69 Statistisches Bundesamt, Statistisches Jahrbuch 2016, Seite 228, ISBN 978-3-8246-1049-5
T70 Statistisches Bundesamt, Statistisches Jahrbuch 2017, Seite 232, ISBN 978-3-8246-1057-0
T71 Statistisches Bundesamt, Statistisches Jahrbuch 2018, Seite 236, ISBN 978-3-8246-1074-7
T72 Statistisches Bundesamt, Statistisches Jahrbuch 2019, Seite 238, ISBN 978-3-8246-1086-0
T73 Bundesminister der Finanzen, Haushaltsrechnung des Bundes 2018, Seite 557
T74 Bundesministerium der Finanzen, Referat für Öffentlichkeitsarbeit, Entschädigung für NS-Unrecht, Regelungen zur Wiedergutmachung, Mai 2020
T75 Bundesminister der Finanzen, Haushaltsrechnung des Bundes 2020, Seite 559
T76 Bundesministerium der Finanzen, Referat für Öffentlichkeitsarbeit, Wiedergutmachung Regelungen zur Entschädigung von NS-Unrecht, Mai 2022
T77 Bundesfinanzministerium laut Abendpost, Chicago/USA, 22.12.1978, 90 Jg., Nr. 201,
T78 Deutscher Bundestag, Drucksache 11/701 - Finanzplan des Bundes 1987-1991
T97 Wissenschaftliche Dienste des Deutschen Bundestages, Leistungen der öffentlichen Hand auf dem Gebiet der Wiedergutmachung ... W WD 4-3000-083/17, 9. Oktober 2017, Seite 3

T96 Die Welt, Bonn zahlte 104 Milliarden Mark an NS-Opfer, 17.02.1999

T98 Bundesminister der Finanzen, Finanzbericht 2022, August 2021, Seite 27

T99 Bundesminister der Finanzen, Finanzbericht 2023, August 2022, Seite 24

T101 Jörg Fisch, Reparationen nach dem Zweiten Weltkrieg, Verlag C. H. Beck, München, 1992, Seite 222, ISBN 3-406-35984-1

T102 Jörg Fisch, Reparationen nach dem Zweiten Weltkrieg, Verlag C. H. Beck, München, 1992, Seite 222, ISBN 3-406-35984-1

T103 Jörg Fisch, Reparationen nach dem Zweiten Weltkrieg, Verlag C. H. Beck, München, 1992, Seite 222, ISBN 3-406-35984-1

T104 Institut für Besatzungsfragen, Sechs Jahre Besatzungslasten. eine Untersuchung des Problems der Besatzungskosten in den 3 Westzonen und in Westberlin 1945 - 1950. J. C. B. Mohr Verlag, Tübungen, 1951

T105 Statistisches Bundesamt, Wirtschaft und Statistik, 4. Jahrgang, Heft 8, August 1952, S. 402

T106 Statistisches Bundesamt, Wirtschaft und Statistik, 4. Jahrgang, Heft 8, August 1952, S. 402

T107 Statistisches Bundesamt, Wirtschaft und Statistik, 4. Jahrgang, Heft 8, August 1952, S. 402

T108 Statistisches Bundesamt, Wirtschaft und Statistik, 4. Jahrgang, Heft 8, August 1952, S. 402

T110 Institut für Besatzungsfragen, Sechs Jahre Besatzungslasten. eine Untersuchung des Problems der Besatzungskosten in den 3 Westzonen und in Westberlin 1945 - 1950. J. C. B. Mohr Verlag, Tübungen, 1951

T111 Institut für Besatzungsfragen, Sechs Jahre Besatzungslasten. eine Untersuchung des Problems der Besatzungskosten in den 3 Westzonen und in Westberlin 1945 - 1950. J. C. B. Mohr Verlag, Tübungen, 1951

T112 Institut für Besatzungsfragen, Sechs Jahre Besatzungslasten. eine Untersuchung des Problems der Besatzungskosten in den 3 Westzonen und in Westberlin 1945 - 1950. J. C. B. Mohr Verlag, Tübungen, 1951

T113 VAWS-Pressebüro, Das aktuelle »Besatzungsrecht« in Deutschland und die Souveränitätsfrage BAND 2 - DAS NATO-TRUPPENSTATUT, VAWS, Duisburg, 2020, 9783927773912

T114 Deutscher Bundestag, Wissenschaftliche Dienste, Verteidigungslasten des Bundes im Zusammenhang mit derStationierung ausländischer Streitkräfte in der BundesrepublikDeutschland und in West-Berlin ab 1955, 22. Dezember 2015, Drucksache WD2-3000-212/15,
T115 Deutscher Bundestag, Wissenschaftliche Dienste, Verteidigungslasten des Bundes im Zusammenhang mit derStationierung ausländischer Streitkräfte in der BundesrepublikDeutschland und in West-Berlin ab 1955, 22. Dezember 2015, Drucksache WD2-3000-212/15,
T116 Deutscher Bundestag, Wissenschaftliche Dienste, Verteidigungslasten des Bundes im Zusammenhang mit derStationierung ausländischer Streitkräfte in der BundesrepublikDeutschland und in West-Berlin ab 1955, 22. Dezember 2015, Drucksache WD2-3000-212/15,
T117 Deutscher Bundestag, Wissenschaftliche Dienste, Verteidigungslasten des Bundes im Zusammenhang mit derStationierung ausländischer Streitkräfte in der BundesrepublikDeutschland und in West-Berlin ab 1955, 22. Dezember 2015, Drucksache WD2-3000-212/15,
T118 Deutscher Bundestag, Wissenschaftliche Dienste, Verteidigungslasten des Bundes im Zusammenhang mit derStationierung ausländischer Streitkräfte in der BundesrepublikDeutschland und in West-Berlin ab 1955, 22. Dezember 2015, Drucksache WD2-3000-212/15,
T119 Deutscher Bundestag, Wissenschaftliche Dienste, Verteidigungslasten des Bundes im Zusammenhang mit derStationierung ausländischer Streitkräfte in der BundesrepublikDeutschland und in West-Berlin ab 1955, 22. Dezember 2015, Drucksache WD2-3000-212/15,
T120 Deutscher Bundestag, Wissenschaftliche Dienste, Verteidigungslasten des Bundes im Zusammenhang mit derStationierung ausländischer Streitkräfte in der BundesrepublikDeutschland und in West-Berlin ab 1955, 22. Dezember 2015, Drucksache WD2-3000-212/15,
T121 Deutscher Bundestag, Wissenschaftliche Dienste, Verteidigungslasten des Bundes im Zusammenhang mit derStationierung ausländischer Streitkräfte in der BundesrepublikDeutschland und in West-Berlin ab 1955, 22. Dezember 2015, Drucksache WD2-3000-212/15,

T122 Deutscher Bundestag, Wissenschaftliche Dienste, Verteidigungslasten des Bundes im Zusammenhang mit derStationierung ausländischer Streitkräfte in der BundesrepublikDeutschland und in West-Berlin ab 1955, 22. Dezember 2015, Drucksache WD2-3000-212/15,

T123 Deutscher Bundestag, Wissenschaftliche Dienste, Verteidigungslasten des Bundes im Zusammenhang mit derStationierung ausländischer Streitkräfte in der BundesrepublikDeutschland und in West-Berlin ab 1955, 22. Dezember 2015, Drucksache WD2-3000-212/15,

T124 Deutscher Bundestag, Wissenschaftliche Dienste, Verteidigungslasten des Bundes im Zusammenhang mit derStationierung ausländischer Streitkräfte in der BundesrepublikDeutschland und in West-Berlin ab 1955, 22. Dezember 2015, Drucksache WD2-3000-212/15,

T125 Deutscher Bundestag, Wissenschaftliche Dienste, Verteidigungslasten des Bundes im Zusammenhang mit derStationierung ausländischer Streitkräfte in der BundesrepublikDeutschland und in West-Berlin ab 1955, 22. Dezember 2015, Drucksache WD2-3000-212/15,

T126 Deutscher Bundestag, Wissenschaftliche Dienste, Verteidigungslasten des Bundes im Zusammenhang mit derStationierung ausländischer Streitkräfte in der BundesrepublikDeutschland und in West-Berlin ab 1955, 22. Dezember 2015, Drucksache WD2-3000-212/15,

T127 Deutscher Bundestag, Wissenschaftliche Dienste, Verteidigungslasten des Bundes im Zusammenhang mit derStationierung ausländischer Streitkräfte in der BundesrepublikDeutschland und in West-Berlin ab 1955, 22. Dezember 2015, Drucksache WD2-3000-212/15,

T128 Deutscher Bundestag, Wissenschaftliche Dienste, Verteidigungslasten des Bundes im Zusammenhang mit derStationierung ausländischer Streitkräfte in der BundesrepublikDeutschland und in West-Berlin ab 1955, 22. Dezember 2015, Drucksache WD2-3000-212/15,

T129 Deutscher Bundestag, Wissenschaftliche Dienste, Verteidigungslasten des Bundes im Zusammenhang mit derStationierung ausländischer Streitkräfte in der BundesrepublikDeutschland und in West-Berlin ab 1955, 22. Dezember 2015, Drucksache WD2-3000-212/15,

T130 Deutscher Bundestag, Wissenschaftliche Dienste, Verteidigungslasten des Bundes im Zusammenhang mit derStationierung ausländischer Streitkräfte in der BundesrepublikDeutschland und in West-Berlin ab 1955, 22. Dezember 2015, Drucksache WD2-3000-212/15,
T131 Deutscher Bundestag, Wissenschaftliche Dienste, Verteidigungslasten des Bundes im Zusammenhang mit derStationierung ausländischer Streitkräfte in der BundesrepublikDeutschland und in West-Berlin ab 1955, 22. Dezember 2015, Drucksache WD2-3000-212/15,
T132 Deutscher Bundestag, Wissenschaftliche Dienste, Verteidigungslasten des Bundes im Zusammenhang mit derStationierung ausländischer Streitkräfte in der BundesrepublikDeutschland und in West-Berlin ab 1955, 22. Dezember 2015, Drucksache WD2-3000-212/15,
T133 Deutscher Bundestag, Wissenschaftliche Dienste, Verteidigungslasten des Bundes im Zusammenhang mit derStationierung ausländischer Streitkräfte in der BundesrepublikDeutschland und in West-Berlin ab 1955, 22. Dezember 2015, Drucksache WD2-3000-212/15,
T134 Deutscher Bundestag, Wissenschaftliche Dienste, Verteidigungslasten des Bundes im Zusammenhang mit derStationierung ausländischer Streitkräfte in der BundesrepublikDeutschland und in West-Berlin ab 1955, 22. Dezember 2015, Drucksache WD2-3000-212/15,
T135 Deutscher Bundestag, Wissenschaftliche Dienste, Verteidigungslasten des Bundes im Zusammenhang mit derStationierung ausländischer Streitkräfte in der BundesrepublikDeutschland und in West-Berlin ab 1955, 22. Dezember 2015, Drucksache WD2-3000-212/15,
T136 Deutscher Bundestag, Wissenschaftliche Dienste, Verteidigungslasten des Bundes im Zusammenhang mit derStationierung ausländischer Streitkräfte in der BundesrepublikDeutschland und in West-Berlin ab 1955, 22. Dezember 2015, Drucksache WD2-3000-212/15,
T137 Deutscher Bundestag, Wissenschaftliche Dienste, Verteidigungslasten des Bundes im Zusammenhang mit derStationierung ausländischer Streitkräfte in der BundesrepublikDeutschland und in West-Berlin ab 1955, 22. Dezember 2015, Drucksache WD2-3000-212/15,

T138 Deutscher Bundestag, Wissenschaftliche Dienste, Verteidigungslasten des Bundes im Zusammenhang mit derStationierung ausländischer Streitkräfte in der BundesrepublikDeutschland und in West-Berlin ab 1955, 22. Dezember 2015, Drucksache WD2-3000-212/15,

T139 Deutscher Bundestag, Wissenschaftliche Dienste, Verteidigungslasten des Bundes im Zusammenhang mit derStationierung ausländischer Streitkräfte in der BundesrepublikDeutschland und in West-Berlin ab 1955, 22. Dezember 2015, Drucksache WD2-3000-212/15,

T140 Deutscher Bundestag, Wissenschaftliche Dienste, Verteidigungslasten des Bundes im Zusammenhang mit derStationierung ausländischer Streitkräfte in der BundesrepublikDeutschland und in West-Berlin ab 1955, 22. Dezember 2015, Drucksache WD2-3000-212/15,

T141 Deutscher Bundestag, Wissenschaftliche Dienste, Verteidigungslasten des Bundes im Zusammenhang mit derStationierung ausländischer Streitkräfte in der BundesrepublikDeutschland und in West-Berlin ab 1955, 22. Dezember 2015, Drucksache WD2-3000-212/15,

T142 Deutscher Bundestag, Wissenschaftliche Dienste, Verteidigungslasten des Bundes im Zusammenhang mit derStationierung ausländischer Streitkräfte in der BundesrepublikDeutschland und in West-Berlin ab 1955, 22. Dezember 2015, Drucksache WD2-3000-212/15,

T143 Deutscher Bundestag, Wissenschaftliche Dienste, Verteidigungslasten des Bundes im Zusammenhang mit derStationierung ausländischer Streitkräfte in der BundesrepublikDeutschland und in West-Berlin ab 1955, 22. Dezember 2015, Drucksache WD2-3000-212/15,

T144 Deutscher Bundestag, Wissenschaftliche Dienste, Verteidigungslasten des Bundes im Zusammenhang mit derStationierung ausländischer Streitkräfte in der BundesrepublikDeutschland und in West-Berlin ab 1955, 22. Dezember 2015, Drucksache WD2-3000-212/15,

T145 Deutscher Bundestag, Wissenschaftliche Dienste, Verteidigungslasten des Bundes im Zusammenhang mit derStationierung ausländischer Streitkräfte in der BundesrepublikDeutschland und in West-Berlin ab 1955, 22. Dezember 2015, Drucksache WD2-3000-212/15,

T146 Deutscher Bundestag, Wissenschaftliche Dienste, Verteidigungslasten des Bundes im Zusammenhang mit derStationierung ausländischer Streitkräfte in der BundesrepublikDeutschland und in West-Berlin ab 1955, 22. Dezember 2015, Drucksache WD2-3000-212/15,

T201 Deutscher Bundestag, Drucksache 17/10482, Antwort der Bundesregierung auf eine kleine Anfrage, 14.08.2012

T202 Deutscher Bundestag, Drucksache 17/10482, Antwort der Bundesregierung auf eine kleine Anfrage, 14.08.2013

T203 Deutscher Bundestag, Drucksache 17/10482, Antwort der Bundesregierung auf eine kleine Anfrage, 14.08.2014

T205 Die Presse, 11.11.2020. Deutsche Werft übergibt neues Kriegsschiff an Israels Marine

T204 Deutscher Bundestag, Drucksache 17/10482, Antwort der Bundesregierung auf eine kleine Anfrage, 14.08.2015

T206 Junge Welt, 21.01.2022, Seite 2, Neue U-Boote für Israel

T207 Niels Hansen, Geheimvorhaben »Frank/Kol«. Zur deutsch-israelischen Zusammenarbeit 1957 bis 1965, in Historisch-Politische Mitteilungen, Band 6, Ausgabe 1, Oktober 1999, Konrad-Adenauer-Stiftung.

T208 Niels Hansen, Geheimvorhaben »Frank/Kol«. Zur deutsch-israelischen Zusammenarbeit 1957 bis 1965, in Historisch-Politische Mitteilungen, Band 6, Ausgabe 1, Oktober 1999, Konrad-Adenauer-Stiftung.

T209 Niels Hansen, Geheimvorhaben »Frank/Kol«. Zur deutsch-israelischen Zusammenarbeit 1957 bis 1965, in Historisch-Politische Mitteilungen, Band 6, Ausgabe 1, Oktober 1999, Konrad-Adenauer-Stiftung.

T210 Niels Hansen, Geheimvorhaben »Frank/Kol«. Zur deutsch-israelischen Zusammenarbeit 1957 bis 1965, in Historisch-Politische Mitteilungen, Band 6, Ausgabe 1, Oktober 1999, Konrad-Adenauer-Stiftung.

T211 Niels Hansen, Geheimvorhaben »Frank/Kol«. Zur deutsch-israelischen Zusammenarbeit 1957 bis 1965, in Historisch-Politische Mitteilungen, Band 6, Ausgabe 1, Oktober 1999, Konrad-Adenauer-Stiftung.

T212 Niels Hansen, Geheimvorhaben »Frank/Kol«. Zur deutsch-israelischen Zusammenarbeit 1957 bis 1965, in Historisch-Politische Mitteilungen, Band 6, Ausgabe 1, Oktober 1999, Konrad-Adenauer-Stiftung.

T213 Niels Hansen, Geheimvorhaben »Frank/Kol«. Zur deutsch-israelischen Zusammenarbeit 1957 bis 1965, in Historisch-Politische Mitteilungen, Band 6, Ausgabe 1, Oktober 1999, Konrad-Adenauer-Stiftung.
T214 BITS Research Report 03.1, September 2003. Ottfried Nasssauer und Christopher Steinmetz, Rüstungskooperation zwischen Deutschland und Israel

Das aktuelle »Besatzungsrecht« in Deutschland und die Souveränitätsfrage Band 1

Dokumentation und Gesetzestexte

Mit dem »Zwei-plus-Vier-Vertrag« hat die Bundesrepublik Deutschland 1990 offiziell die volle Souveränität erlangt. Auch die Rechtswissenschaftliche Literatur geht von der weitgehenden Erledigung allen Besatzungsrechts aus.

Zu keinem Thema wurde so viel Unsinn - von allen Seiten - veröffentlicht, wie zu diesem. In diesem Buch wird der nicht überschaubaren Materie des Besatzungsrechts nachgegangen und analysiert. Wir stießen bei unseren Recherchen auf umgewandeltes, fortgeltendes und in deutsches Recht übernommenes Besatzungsrecht.

Fazit: Der Abbau des Besatzungsrechts ist immer noch nicht vollständig abgeschlossen.

Und wie steht es um die Souveränität Deutschlands? Wie ist die Aussage des Bundestagspräsidenten Wolfgang Schäuble, Deutschland ist »seit dem 8. Mai 1945 zu keinem Zeitpunkt mehr voll souverän gewesen« zu verstehen? War Deutschland in seiner Geschichte je souverän? Dieses Buch gibt Antworten.

VAWS-Pressebüro, Das aktuelle »Besatzungsrecht« in Deutschland und die Souveränitätsfrage, ISBN 978-3-927773-76-9, 184 Seiten, Euro 24,80

Das aktuelle »Besatzungsrecht« in Deutschland und die Souveränitätsfrage

Band 2: Das NATO-Truppen- statut und die Besatzungskosten

Dokumentation und Gesetzestexte

NATO-Truppenstatut = Besatzungsrecht? Die einstigen Besatzungstruppen sind jetzt als sogenannte »NATO-Partner« in Deutschland stationiert. Dieses Buch durchleuchtet die Rechtslage der Stationierung fremder Truppen und Gefahren die von ihr ausgehen. Inwieweit ist das NATO-Truppenstatut die Fortsetzung des Besatzungsrechts?

Warum tragen wir noch heute für die fremden Truppen die Kosten und wie viel zahlen wir? Was dem deutschen Steuerzahler die US-Truppen in Deutschland kosten ist wohl bis heute nicht eindeutig belegt. Während wir aktuell in den Medien von hunderten Millionen lesen haben wir in diesem Buch Milliarden errechnet.

Aus dem Inhalt: Das NATO-Truppenstatut in Deutschland und die Souveränitätsfrage; Die Kosten der Stationierung ausländischer Truppen in Deutschland; Gesetzliche Grundlagen zum Aufenthalt ausländischer Truppen in Deutschland (Gesetzestexte). Ausarbeitungen zu den Fragekomplexen über ausländische Streitkräfte: Steuervergünstigung, Waffen tragen in der Öffentlichkeit, Entschädigungen für angerichtete Schäden, Datenschutz, Spionage, Strafgerichtsbarkeit ...

VAWS-Pressebüro, Das aktuelle »Besatzungsrecht« in Deutschland und die Souveränitätsfrage, Band 2: Das Nato-Truppenstatut, ISBN 978-3-927773-91-2, 260 Seiten, Euro 28,50

Polens Marsch in den Zweiten Weltkrieg 1919-1939

Hintergründiges und Verschwiegenes zur Zeitgeschichte